AVERTISSEMENT

Cette brochure est la dernière partie d'un ouvrage intitulé *Sociologie*, que j'ai rédigé pour servir à l'instruction de mon jeune enfant; l'évolution sociale y est considérée depuis ses commencements jusqu'à aujourd'hui.

SOCIOLOGIE

PARTIE RELATIVE
A L'HISTOIRE DES CENT DERNIÈRES ANNÉES

CHAPITRE PREMIER

RÉVOLUTION OU APPLICATION SOCIALE DES ILLUSIONS DE J.-J. ROUSSEAU ET DE LA MÉTAPHYSIQUE RÉVOLUTIONNAIRE DU PROTESTANTISME.

Mon cher enfant,

Nous sommes arrivés au moment de la *grande réaction* du peuple contre les agissements abusifs de ses tyrans : roi, clercs et nobles. « Une révolution est le fruit de longs mécontentements généraux. » — C'est l'effet fatal de la loi de *Réciprocité :* le peuple traita donc ses tyrans comme ceux-ci l'avaient traité.

Certains soutiennent que la réaction populaire fut folle, c'est qu'ils ne savent pas qu'elle est toujours égale à l'action; s'ils considéraient l'évolution sociale, ils constateraient qu'en tout temps et en tous lieux, cette grande loi naturelle n'a jamais été en défaut.

Je te répète donc que la Révolution était fatale et

qu'elle a été ce qu'elle devait forcément être. Cette réaction nous fournit toute l'instruction philosophique que nous pouvons désirer, en nous mettant en évidence la grande loi qui doit servir de base à une organisation naturelle et positive des sociétés modernes.

Continuons notre étude de l'évolution sociale et considérons ce que firent les mandataires de la nation au point de vue de la réorganisation gouvernementale.

Qu'ont-ils faits?

Une constitution *a priori*, sans base positive, et non une constitution *a posteriori* reposant sur des lois déduites de l'observation, de l'expérimentation et de la comparaison. Ils ont réformé les abus signalés par le *bon sens vulgaire*, mais n'y ont apporté aucun remède indiqué par le *bon sens méthodique :* leur constitution subjective fut donc vaine et tous les autres régimes qui suivirent, ayant le même vice subjectif, furent également vains. C'est cette subjectivité qui constitue cet état anarchique et révolutionnaire qui dure depuis cent ans et qui continuera tant qu'on ne mettra pas en concordance les intérêts psychiques, politiques et économiques, en prenant pour base l'*objectivité naturelle.*

Mais pouvaient-ils faire mieux?

Non; car on ne connaissait alors que les principes mathématiques de la philosophie naturelle de NEWTON. Cependant, il y avait aussi la philosophie mécanique de DESCARTES, mais celle-ci troublait tous les esprits

par son illogicité en mettant le cosmique d'un côté
et le psychique de l'autre. Les députés ne connais-
saient donc ni les lois chimiques, ni les lois physiques,
qui servent de base fondamentale à la biologie, ni les
lois de la vie qui servent, à leur tour, de base à la
sociologie. Or ces lois ne se devinent pas. Les députés
étaient donc dans l'impossibilité, *alors*, d'en déduire
un système philosophique applicable à leur constitution.

Cahiers. — Les députés aux États généraux se
réunirent à Versailles, ayant chacun un *cahier* sur
lequel étaient inscrites les réformes demandées par
sés électeurs. Ces cahiers constituaient donc le pro-
gramme de ce qu'il fallait faire ; ils les dépouillèrent
et exécutèrent les ordres de leurs commettants.

Quels abus signalaient ces cahiers?

Des abus qui étaient de véritables fléaux psychiques,
politiques et économiques; mais tous ces fléaux étaient
désignés sans ordre et les cahiers n'offraient pas de
remèdes rationnels à leur opposer : on criait parce
qu'on souffrait et on demandait à ne plus souffrir.

**Fléaux dont les cahiers demandaient
l'abolition.** — Les cahiers réclamaient principalement contre la royauté, contre la noblesse et contre
le clergé, c'est-à-dire, contre les agents du catholicisme, qui avaient organisé leur système gouvernemental sur l'usurpation des droits populaires et sur
la superstition crédule de tous. — Ceci constituait
l'absolutisme royal et ecclésiastique contre lequel tous
les cahiers s'élevaient.

Comment ces fléaux étaient-ils nés?

De la façon suivante :

1° Les *forts*, c'est-à-dire les guerriers, se posèrent en protecteurs et en défenseurs des faibles et exigèrent d'eux que cette protection leur fût payée, d'où les prélèvements abusifs de toutes les espèces. Cet état de choses eut sa raison d'être jusqu'à l'époque de la franchise communale; mais à partir de ce moment les classes populaires firent partie de l'armée, comme les nobles, et les taxes féodales les firent crier.

2° Les *habiles*, c'est-à-dire les prêtres, profitèrent de l'ignorance superstitieuse de *tous* pour faire croire à des fictions aujourd'hui ineptes, mais alors acceptées par tout le monde.

Ils soutenaient que ces fictions étaient des vérités qui avaient été révélées par un Dieu et qu'elles devaient servir de lois aux hommes; qu'eux seuls pouvaient interpréter ces révélations, et que, dès lors, ils étaient les directeurs de l'esprit public; qu'ils étaient les intermédiaires entre ce Dieu et les hommes; qu'en leur faisant des présents, ils pouvaient obtenir de ce Dieu qu'il satisfasse aux désirs des sacrifiants; etc.

Les *habiles* étaient les extorqueurs *affamants*.

3° *Catholicisme*. — En 325, au concile de Nicée, les *forts* et les *habiles* se sont entendus et leur association a constitué le catholicisme qui s'est perfectionné jusqu'à la fin du xii° siècle; alors l'exploitation de la bêtise humaine a été savamment conduite et elle a fini par réduire les populations à « brouter l'herbe avec les moutons », comme le dit l'évêque de Chartres. — C'est ce que nous avons vu plus haut dans cette étude de l'évolution sociale.

Le plan du catholicisme fut d'organiser le monde terrestre à l'instar du paradis. L'empereur fut d'abord le gouverneur général de l'humanité, comme Dieu l'était du ciel. Les grands clercs et laïques furent ses ministres, comme les saints l'étaient de la divinité.

Mais bientôt les *habiles* se nommèrent un chef (pape); il y eut alors deux associés qui marchèrent d'accord pendant un certain temps et qui se partagèrent, à leur satisfaction, le butin prélevé sur les populations. Mais le pape, à force de ruses, finit par prendre la prépondérance sur l'empereur, et pendant plus de 200 ans il fut le premier et encaissa tout l'argent que ses agents purent extorquer aux fidèles en les menaçant du courroux de Dieu, s'ils n'étaient pas dociles et *généreux* vis-à-vis de l'Église.

Le pape, à force d'intrigues, divisa l'empire en une foule de seigneuries, et pour bien établir son autorité, il établit le système féodal en rendant chaque seigneur indépendant et maître chez lui. De cette façon, l'esprit militaire, d'offensif devint défensif, car chaque baron : laïque ou clerc, fut trop faible pour faire des conquêtes, il eut assez de défendre ses domaines.

Ce succès grisa le pape; il voulut étendre sa domination sur l'Orient. — Ce fut sa perte, car il détruisit toute son œuvre d'émiettement en réveillant l'esprit guerrier et en donnant de grands commandements de troupes à de petits souverains qui vivaient misérablement sur leurs terres. Ces souverains profitèrent de leur puissance militaire pour secouer le joug papal et se constituer des royaumes indépendants. Mais cette indépendance royale ne fut acquise qu'à la suite de guerres terribles où le populaire fournit l'argent et les hommes.

Cette indépendance fit considérablement diminuer les revenus du trésor papal ; alors le chef de l'Église rançonna ses propres ministres qui trouvèrent peu de leur goût de pourvoir aux orgies du Vatican. Ces ministres se rendirent indépendants, de leur côté, en constituant des églises nationales, puis ils réformèrent la papauté.

Tu comprends, mon enfant, que pour que les prélats se soient révoltés contre le pape, il fallait que celui-ci les ait poussés à bout, par ses exigences. En effet, il prélevait les *annates* et vendait les *grâces en expectation*. Or, comment les prélats qui achetaient, longtemps d'avance et fort cher, des bénéfices dont ils payaient en outre tous les revenus connus à la curie, auraient-ils pu mener la vie scandaleuse dont nous avons parlé plus haut — vie qui fut dénoncée et flétrie à la tribune de l'*Assemblée nationale* — s'ils n'avaient pas rapiné jusqu'au dernier sou de leurs ouailles dociles ?

Ainsi, le peuple était pillé et complètement dévalisé :
1° Par les percepteurs royaux et féodaux [1] ;

---

1. FLÉCHIER, dans ses mémoires sur les grands jours de Clermont, édifie complètement à cet égard.
Il faut noter spécialement les agissements d'un certain Canillac.

2° Par les prélats.

Le peuple mangeait du pain fait avec des racines de fougère et broutait l'herbe des prés. On conçoit la haine qu'il avait contre ses tyrans qui le suçaient comme des vampires ; il voulait donc qu'on le débarrassât de la royauté, de la noblesse et du clergé.

Détruire était facile, mais reconstruire n'était pas aisé.

Qu'avaient les députés pour les guider dans leur réorganisation ?

1° Les opinions *a priori* des philosophes ;

2° Les constitutions des peuples voisins, dont plusieurs étaient issues des idées de la Réforme.

1° *Opinions des philosophes.* — Du luthéranisme, jusqu'au déisme de VOLTAIRE, de ROUSSEAU, etc., on ne constate qu'une protestation croissante et de plus en plus acharnée contre le catholicisme et surtout contre ses bases spirituelles :

LUTHER protesta en 1529 à la diète de Spire, parce qu'on apportait des restrictions à la liberté de conscience accordée en 1526.

CALVIN obtint la constitution définitive d'une Église nationale, dans la plupart des royaumes, — Église indépendante du pape et assujettie aux rois.

Ce fut SOCIN qui attaqua directement la Trinité et engendra le Déisme.

Mais tous les réformés étaient sans union, ils constituaient une foule de sectes hétérogènes dont chacune prenait la précédente en pitié et en horreur la

1.

suivante. C'était un dévergondage de l'imagination subjective.

De leur côté, les penseurs laïques philosophèrent en dehors des docteurs ecclésiastiques.

HOBBES est le vrai père de la philosophie révolutionnaire : c'est lui remplaça *Dieu* par la *Nature* et subordonna le spirituel au temporel.

Avec HOBBES, SPINOZA, BOYLE, etc., etc., les discussions furent fort animées et ressemblèrent à celles des Grecs. Or, tandis que les Grecs arrivèrent au *Destin*, les philosophes de la Renaissance aboutirent au *Naturisme*.

Au XVIII° siècle, VOLTAIRE, ROUSSEAU, MABLY et d'autres reprirent ce *Naturisme* pour rallier les esprits égarés, ils choisirent le Déisme de SOCIN. Mais comment fixer les idées sur une conception fictive, n'offrant pas une base plus solide que ce Déisme?

Pour VOLTAIRE, le Déisme était provisoire et le temporel était fondamental.

Pour J.-J. ROUSSEAU et MABLY, au contraire, le Déisme était fondamental et ils demandaient l'abolition du temporel. Ces derniers dépassaient SOCIN et CALVIN, ils avaient un idéal paradisiaque, qui, interprété par ROBESPIERRE, va bientôt devenir si atroce pour la Convention et pour la France.

En définitive, il y avait opposition radicale entre les opinions des philosophes qui avaient amené la Révolution. Or les députés, surtout ceux du Tiers, étaient tous des sectaires ardents de cette métaphysique. On comprend donc quelle anarchie mentale

existait dans les cerveaux de ces hommes chargés
de réorganiser la société [1].

Principe fondamental du protestantisme.

— Le *libre examen individuel* est le principe fondamental du protestantisme. Ce principe, au moment
de la Révolution, vint augmenter la confusion philosophique. Ce principe conduit forcément à la liberté
illimitée d'écrire, de parler et d'agir. C'est la souveraineté individuelle ayant, comme conséquence forcée,
la souveraineté populaire ou la révolution en permanence. Le libre examen n'est qu'un principe d'anarchie
psychique, un principe métaphysique qui ouvre la
carrière à toutes les illusions aberrantes de l'esprit;
il est en opposition radicale avec la science, car une
loi naturelle s'impose par son évidence tangible et
ne permet aucune interprétation arbitraire : — Le
principe naturel *démontré* est l'harmonie forcée con-
duisant nécessairement à l'ordre et au progrès, tandis
que le libre examen, c'est l'anarchie forcée produisant le désordre familial et gouvernemental [2].

Tels étaient les principes imaginaires que la philosophie et le protestantisme offraient aux députés à

1. Depuis lors, la même anarchie psychique n'a pas cessé et
j'en exposerai plus loin les motifs à l'article : Aberrations gouvernementales.

2. La psychique vulgaire est l'émancipation de la folle du
logis. C'est celle des masses populaires et des métaphysiciens universitaires. C'est la divagation antinomique et licen-
cieuse.

La psychique méthodique est la subordination de l'esprit au
démontré et à la coordination du réel tangible. C'est la psychique des savants.

l'Assemblée nationale pour les guider dans leur œuvre de régénération sociale.

Mais il faut dire que c'était le principe protestant qui avait fait chasser les Espagnols des sept provinces-unies, pour constituer la Hollande, au nom de la *souveraineté populaire* et de l'*indépendance nationale*; que c'était ce même principe qui avait fait la révolution presbytérienne en Angleterre; qu'enfin la révolution américaine procédait du même principe.

Il faut ajouter qu'au moment de la Révolution française, ces révolutions surexcitaient l'opinion publique : elles furent, en quelque sorte, préparatoires de celle de France.

2° *Constitutions des pays voisins.* — Quels modèles, les constitutions des pays voisins, offraient-elles à suivre aux députés à l'Assemblée nationale?

La constitution fédérale de la Suisse ne fut pas prise en considération.

Le stathoudérat des Provinces-Unies des Pays-Bas changeait constamment d'esprit, il était tantôt électif, tantôt héréditaire. C'était la défiance haineuse du conseil général de la Haye et des diètes provinciales contre le stathouder. — C'était l'anarchie permanente. On n'en tint pas compte.

La fédération des États-Unis d'Amérique était encore trop récente; elle n'avait pas fait ses preuves et les luttes intestines des sectes protestantes n'indiquaient rien de bon.

Quant à l'État *fédératif-féodal* de l'Allemagne, il

était analogue à celui qu'on combattait depuis plusieurs siècles en France.

— Cependant l'État fédéral fut l'idéal des Girondins de la Convention, idéal contre lequel s'éleva DANTON en faisant décréter l'*unité gouvernementale.*— Idéal qui fut le principal motif de leur arrestation et de leur expulsion et qui les fit poursuivre comme des chiens enragés.

La constitution républicaine de Venise aurait dû être prise en considération, car là la loi était souveraine; mais les constituants étaient tous bons royalistes qui voulaient seulement réformer les abus, et limiter les attributions royales, mais conserver le roi. — Du reste l'idée républicaine ne germa dans les cerveaux de CONDORCET, de BRISSOT, de C. DESMOULINS, de CARNOT, etc., qu'après la fuite de Varennes, et non seulement ils ne purent pas se faire écouter par l'Assemblée nationale, mais celle-ci poussa le maire BAILLY et LA FAYETTE, le commandant des forces nationales, à mitrailler les républicains au Champ de Mars, et elle réintrônisa le roi; — notamment ROBESPIERRE, à la Constituante, ne pouvait comprendre un grand État en république; sa petite cervelle ne concevait qu'une ville organisée en république comme cela avait eu lieu en Grèce.

Les Danois, après avoir eu une constitution libre issue du principe protestant, avaient rendu le pouvoir absolu à leur roi, en lui assujettissant leur sénat; ils revenaient à l'esclavage par un contre bon sens politique haineux.

Les Polonais avaient un roi élu, mais élu par une féodalité mérovingienne — ce royaume présentait un état anarchique analogue à celui qui nécessita, en France, l'institution de la *trêve de Dieu*. La Pologne, du reste, avait été déjà partagée une première fois et J.-J. ROUSSEAU, à l'instar des philosophes grecs, lui avait formulé une nouvelle constitution qui ne pouvait pas être appliquée à la France.

Le régime constitutionnel anglais avait un apologiste sérieux dans MONTESQUIEU, et NECKER fit demander par MOUNIER, LALLY-TOLLENDAL, CLERMONT-TONNERRE, etc., la création de deux chambres; mais la proposition fut rejetée, car les constituants voulurent l'unité partout. — Ils eurent raison, car deux chambres amènent trop de lenteur dans les résolutions; elles sont utiles et même nécessaires dans un État constitué, pour mettre toute la réflexion voulue dans les innovations, mais en révolution elles sont un obstacle à la constitution sociale.

A ce moment, le régime *a priori* le meilleur, à appliquer à la France, eût été celui de la Suède. Là le roi était président d'un conseil de 16 sénateurs et toute résolution était prise à la majorité des voix. De plus il y avait une diète où figuraient les représentants de tous les ordres de la nation. Cette diète mitigeait le pouvoir du roi et des seize : il fallait son consentement pour tous les grands intérêts : paix, guerre, alliances, etc.

La nomination aux offices et aux charges quelconques se faisait sur la présentation au roi, de trois can-

didats, par le corps spécial de l'office ou de la charge :
sénat, prélature, administration, justice, armée, etc.

En un mot, le roi et les seize avaient l'initiative,
mais tout devait être approuvé par la diète nationale.

Ainsi, mon cher enfant, les députés n'empruntèrent
rien aux constitutions des peuples voisins; ils furent
guidés par le principe de la métaphysique révolutionnaire du protestantisme et par le contrat social
qui repose sur les passions humaines.

Constituante (5 mai 1789-30 septembre 1791).

La Révolution tomba donc entre les mains des métaphysiciens critiques et des légistes, *a priori*, du
Tiers. Ils organisèrent une monarchie réduite à ses
dispositions les plus fondamentales, avec l'ascendant
populaire. — C'était une aberration analogue à celle
qui imposerait le libre examen au catholicisme; en
effet, une monarchie ne peut réellement exister
qu'avec l'absolutisme temporel, comme la théologie
ne peut vivre qu'avec l'absolutisme spirituel : toute
atteinte à l'un quelconque de ces absolutismes est
radicalement destructive de l'état correspondant.

Ces braves et honnêtes constituants poussèrent
l'illusion jusqu'à croire la Révolution terminée, lorsqu'ils eurent remis le roi sur son trône et que Louis XVI
eut accepté leur constitution.

Mon cher enfant, tout Français, non, je dis tout
homme, qui a le sentiment de sa dignité, doit exactement connaître l'histoire de France de ces *cent* der-

nières années, car elle démontre avec la dernière
évidence, par *expérience sociologique,* qu'à une situation générale nouvelle et spécialement *économique et
industrielle,* il faut une organisation sociale correspondante, c'est-à-dire complètement scientifique, dont
les directeurs, d'un ordre quelconque, doivent connaître les lois naturelles. Or ces directeurs ne peuvent
être désignés par un mode électoral quelconque : le
concours seul peut les mettre en évidence. C'est la
thèse que je soutiens dans mon plan d'organisation
sociale positive. Mais ici, je veux simplement considérer sociologiquement l'histoire.

Les députés du Tiers, après une longue résistance
astucieuse du roi, de la noblesse et du clergé, se déclarèrent Assemblée nationale et jurèrent de ne se séparer
qu'après avoir donné une constitution à la France.

**Déclaration des droits de l'homme et du
citoyen.** — L'Assemblée commença par faire une
déclaration des droits de l'homme. Cette déclaration
est entièrement *subjective;* elle est la traduction des
idées métaphysiques de l'époque et du principe protestant. En effet, elle est faite au nom de l'Être
Suprême et donne la souveraineté au peuple (art. iii);
elle consacre la liberté religieuse (art. x), la liberté
d'écrire et de parler (art. xi). Cependant elle veut la
loi égale pour tous (v), l'impôt proportionnel (xiii) et
l'inviolabilité de la propriété (xvii).

C'est donc un mélange hybride de *déisme,* de *protestantisme* et de *positivisme.* Ce mélange hétérogène
est le produit d'une infirmité mentale évidente, il se

rapproche du *cartésianisme* et surtout de la conception de *Voltaire;* et c'est encore l'idéal des politiciens français qui passent pour les plus sages. Cependant certains bons esprits commencent à s'élever contre son inanité et demandent que l'*objectivité* remplace la *subjectivité.*

L'Assemblée procéda ensuite à son œuvre capitale, c'est-à-dire à la destruction des provinces et à la division de la France en départements; elle termina cette réforme le 22 décembre 1789. Cette division fut la clé de voûte de son œuvre, car elle servit de base à l'organisation de l'administration civile, judiciaire, ecclésiastique, etc. C'est pendant ce long travail des bureaux qu'elle abolit les fléaux royaux, féodaux et cléricaux. Or, pour établir la constitution civile du clergé, à l'instar de toutes les autres magistratures, elle eut des ménagements et au lieu de procéder, comme dans tous les pays réformés : Angleterre, Suède, Danemarck, Allemagne du Nord, etc., par la confiscation pure et simple des biens ecclésiastiques — qu'elle avait déclarés biens nationaux, — elle entra en discussions avec les prélats. Ceux-ci, enhardis par cette timidité, organisèrent, avec le pape et le roi, une vaste conspiration d'où sortit l'horrible guerre civile de la Vendée. Malgré toutes les résistances, l'Assemblée s'empara des domaines du clergé et ce fut la principale cause de la fuite du roi.

Louis XVI capturé fut ramené aux Tuileries où il fut retenu prisonnier jusqu'à la fin des travaux de l'Assemblée. Lorsque la constitution fut achevée et revisée, la Chambre rendit la liberté au roi, le remit sur son trône et lui présenta la constitution qu'il accepta. Or, c'est pendant sa captivité que l'idée républicaine prit naissance et les républicains voulaient la déchéance ; ils organisèrent un pétionnement à cet égard ; ils portèrent, le 17 juillet, leur pétition sur l'autel de la Patrie, au Champ de Mars, et l'Assemblée les fit mitrailler. C'est la *réaction* contre cet acte abominable qui créa le *sans-culottisme* dont nous aurons bientôt à parler — mais l'acte qui donna le pouvoir au peuple fut la prise des Tuileries, le 10 août 1792.

Constitution. — La constitution acceptée par le roi, le 13 septembre 1791, renferme 7 titres, dont certains sont divisés en plusieurs chapitres et les chapitres en sections ; elle est relative : aux dispositions fondamentales garanties par la constitution ; à la division du royaume et à l'état des citoyens ; aux pouvoirs publics concernant l'Assemblée législative, la base de la représentation, les assemblées primaires, les assemblées électorales, etc. ; la royauté, la régence et les ministres ; l'exercice du pouvoir législatif, l'exercice du pouvoir exécutif, du pouvoir judiciaire ; la force publique ; les contributions publiques ; etc.

Les constitutionnels étaient profondément honnêtes et ils crurent avoir fait une constitution durable [1], mais elle fut immédiatement ruinée par les trois causes principales suivantes :

---

1. Toutes les constitutions sont bonnes avec des administrateurs honnêtes et il n'y en a pas de bonnes avec des fourbes et des ambitieux.

1° Par la loi électorale qui froissait le peuple éliminé ;

2° Par la loi martiale votée en un jour et promulguée le même jour ;

3° Par la réintronisation du roi.

Les constitutionnels firent de l'autorité contre la volonté populaire ; ils crurent dominer l'orage en votant la loi martiale réclamée par La Fayette et par Bailly ; or sa première application fut la mitraillade du Champ de Mars, dont les conséquences réactives et fatales furent le massacre des Suisses et des gentilshommes et l'emprisonnement du roi au Temple. Les constitutionnels, d'autre part, auraient certainement évité la guillotine à Louis XVI s'ils avaient accepté la déchéance, or cette déchéance était juste, puisque le roi avait quitté spontanément son trône.

Législative (1er octobre 1791 à 20 septembre 1792).

Sur la demande impolitique de Robespierre, la Constituante avait décrété qu'aucun de ses membres ne ferait partie de la législative suivante. Les hommes qui furent élus à la Législature, le furent deux fois, en quelque sorte, car, en examinant leur qualité, on voit qu'ils étaient presque tous administrateurs de département ou de district, — ils avaient donc été élus une première fois comme administrateurs, avant de l'être comme députés.

Tous ces députés étaient des hommes nouveaux et

beaucoup étaient très jeunes, car plus de 60 n'avaient pas 26 ans et SAINT-JUST n'en avait pas 25.

Le roi, le parti autrichien de la cour, les nobles et les prêtres crurent le moment favorable pour réagir, pensant pouvoir facilement triompher de ces jeunes députés inexpérimentés, en les trompant. On se distribua les rôles :

Le roi fut chargé de vexer et de contrecarrer la Chambre dans toutes ses décisions : — c'est son *veto* relativement aux décrets contre les prêtres réfractaires et contre les nobles émigrés, réunis en armes à la frontière, pour servir de guides aux armées ennemies, qui firent envahir les Tuileries.

Pour l'extérieur, la reine et le parti autrichien étaient en communications avec l'empereur et avec les Prussiens ;

Pour l'intérieur, les prêtres et les nobles organisèrent des complots par toute la France.

La réaction avait même un petit parti à l'Assemblée.

Mais à la Chambre il y avait des hommes énergiques : VERGNIAUD, GUADET, GENSONÉ, CONDORCET, ISNARD, BRISSOT, etc., etc., qui ne se laissèrent pas tromper. De plus, cette assemblée était soutenue par le maire, par la garde nationale, par les sections et par les clubs où parlaient DANTON, C. DESMOULINS, FABRE D'ÉGLANTINE, etc.

Le roi était faible et faux et il était connu de la Chambre qui passa tout son temps à déjouer ses ruses.

Voici le portrait qu'en fait CARNOT [1] : « Nature inerte et vulgaire qui se trahissait par des gestes gauches, un ton bourru, un regard terne, myope et vague, un rire presque imbécile, des propos souvent grossiers. Élevé par son précepteur et par son père dans la pratique d'une dévotion puérile. Prenait-il quelque initiative, c'était dans un esprit étroit et rétrograde. A mesure qu'on lui faisait faire un pas dans le sens de la Révolution, il tentait un mouvement en arrière. Sitôt les États généraux réunis, il fit approcher des soldats pour les dominer ou les dissoudre. Il feint d'être d'accord avec les députés et cherche, en même temps, les formules usitées pour protester contre les actes de l'Assemblée ; puis, tout à coup, il sanctionne tous les décrets de l'Assemblée pour faire croire qu'il est captif. Sa vie se passe en oscillations perpétuelles, chaque jour il reprend les concessions de la veille, et, selon l'instinct des êtres faibles, il a recours à la ruse, au mensonge et à la corruption. Les règles jésuitiques de son éducation ne lui interdisent pas ces moyens. »

Première réaction. — Invasion des Tulleries. — Pendant toutes ces intrigues, les armées ennemies se concentraient à la frontière et les émigrés joints à eux bravaient l'Assemblée et ses décrets, tandis que leurs amis restés en France faisaient des rassemblements armés et que les prêtres provoquaient les premières insurrections de la Vendée. Alors, en mars, la Chambre força le roi à renvoyer son ministère réactionnaire et à en prendre un girondin.

1. *Mémoires*, t. Ier, page 184.

Et, le 20 avril, cette même Assemblée contraignit Louis XVI à déclarer la guerre à l'Autriche.

Mais, le 28 avril, nos troupes, conduites par des officiers traîtres, furent battues à Valenciennes et à Lille. — Alors les émigrés, leurs amis de France et les ennemis prirent un ton d'arrogance qui exaspéra les patriotes. Naturellement, le roi s'entêta de plus en plus à ne pas vouloir sanctionner les décrets contre les prêtres réfractaires et contre les émigrés.

Alors, le 20 juin [1], les sections envahirent les Tuileries pour forcer le roi à sanctionner les décrets; mais le roi refusa énergiquement la sanction demandée.

Deuxième réaction. — Le roi prisonnier. — Cette résistance du roi enhardit les réactionnaires, qui redoublèrent de jactance.

Le 5 juillet, en face du péril, l'Assemblée siégea en permanence et décréta la *patrie en danger*. — Ce décret fut promulgué en grande cérémonie le 22 juillet.

Le 26 juillet, le duc de BRUNSWICK, généralissime de la coalition, adressa à la France un manifeste menaçant, lequel avait été écrit à la cour des Tuileries et imprimé à Paris [2]. Ce manifeste, loin d'intimider

1. Le 20 juin est la date de quatre grands faits successifs :
   1° 20 juin 1789. — Serment du Jeu de Paume ;
   2° 20 juin 1790. — Abolition des titres de noblesse ;
   3° 20 juin 1791. — Fuite à Varennes ;
   4° 20 juin 1792. — Invasion des Tuileries.

2. Voir à cet égard l'article de BRUNETIÈRE dans la *Revue bleue*, n° 4, 26 juillet 1884.
   Déjà, le 27 août 1791, l'empereur et le roi de Prusse, à Pilnitz, avaient rédigé un premier manifeste où ils annonçaient

l'Assemblée et la nation, ne fît que provoquer un soulèvement général et toutes les sections de Paris, moins une, demandèrent la déchéance.

Immédiatement, on se prépara ouvertement au combat. *D'un côté*, la cour, avec les Suisses et les gentilshommes qui étaient venus en masse, voulaient massacrer les Parisiens, chasser l'Assemblée et rendre le pouvoir absolu au roi. La reine comptait les étapes que les armées coalisées avaient encore à faire pour arriver à Paris.

De l'autre, les sections et les volontaires qui arrivaient en foule à la voix de leurs députés et en chantant la *Marseillaise*, pour secourir la patrie en danger et fraterniser avec les Parisiens.

La lutte s'engagea le 10 août, les Tuileries furent prises et le roi enfermé au Temple.

Le 11 août, la municipalité *insurrectionnelle*, qui s'était installée la nuit du 9 au 10 à l'Hôtel de Ville, vint à l'Assemblée faire reconnaître ses pouvoirs, demander la déchéance du roi et la nomination d'une *Convention nationale*.

L'Assemblée fut contrainte de satisfaire à ses vœux et Vergniaud, le président, rédigea, séance tenante, la proposition suivante, qui fut acceptée et votée :

1° Suspension du roi ;

2° Destitution du ministère ;

3° Convocation d'une Convention au suffrage universel ;

qu'ils allaient venir délivrer le roi prisonnier aux Tuileries, après la fuite de Varennes.

4° Élections primaires le 26 août ;

5° Élections des députés le 2 septembre ;

6° Réunion de la Convention le 22 septembre.

Le 10 août fut le triomphe du peuple ; il fut provoqué par une série de fautes et de résistances aveugles. Ce fut la fin du régime constitutionnel qui ne vécut pas un an et l'avènement de la *dictature populaire.*

L'énergie déréglée du peuple va avoir maintenant le salut public pour but et la Convention soutiendra une lutte formidable : à *l'intérieur* contre tous les partis et à *l'extérieur* contre l'Europe coalisée.

Troisième réaction. — Massacres de Septembre. — A ces nouvelles, les émigrés et les Austro-Prussiens furent pris de fureur et passèrent la frontière.

D'un autre côté, à Paris, on était toujours sous le coup de l'émotion du terrible combat du 10 où 5,000 hommes avaient été tués et on était en période électorale.—C'est dans ces conditions qu'on apprit que Longwy s'était rendu le 24 et que Verdun était investi.

Immédiatement, les 28 et 29, on ordonna des visites domiciliaires :

1° Pour chercher des armes afin d'équiper les volontaires qui demandaient à marcher contre l'ennemi ;

2° Pour arrêter les complices du 10 août qui avaient échappé jusqu'alors en se cachant.

Le 1er septembre, les premiers bataillons partirent, accompagnés par DANTON qui leur fit une harangue émouvante.

Dans la nuit du 1er au 2 septembre, on apprit la reddition de Verdun; or, le matin du 2, les autres bataillons banquetaient aux halles, avant de partir, lorsqu'on vint leur dire que les royalistes chantaient la victoire des coalisés et que des fenêtres des prisons, ils menaçaient de détruire Paris, après avoir égorgé les femmes et les enfants des volontaires. L'émotion des volontaires fut grande : « Laisserons-nous, derrière nous nos plus mortels ennemis? » dirent-ils; ils délibéraient tumultueusement, lorsque certains Avignonnais — ceux qui avaient fait les massacres de la Glacière — se dirigèrent sur les prisons, suivis par la populace furieuse, et pendant trois jours on exécuta les prisonniers après *un jugement* sommaire rendu par un tribunal improvisé, dont le célèbre MAILLARD fut le président. — Cependant il faut dire que plusieurs prisonniers furent acquittés et parmi eux SOMBREUIL, qui fut tué ensuite à Quiberon. C'est à son égard qu'il y eut la fable du verre de sang, bu par sa fille, pour le sauver [1].

Argonne, 3 à 7 septembre. — Tandis que les Prussiens s'avançaient dans l'intérieur, DUMOURIEZ alla

---

1. Relativement aux *exécutions* de Septembre, les opinions des historiens varient beaucoup : les uns disent que les *septembriseurs* n'étaient pas plus de 300, d'autres 200 et d'autres enfin 150. Il est donc évident qu'on les a laissés faire.

ROLAND *dans son rapport* et CARNOT *dans ses Mémoires*, disent que ces massacres ne furent ni *prémédités*, ni *commandés*. Le seul homme à qui on pourrait imputer une certaine responsabilité était Marat, qui, tous les jours, dans son infâme journal, poussait au pillage et au meurtre.

Quant à NAPOLÉON, *dans ses Mémoires de Sainte-Hélène*, il dit simplement qu'ils donnèrent de l'énergie aux volontaires. —

bravement s'établir derrière eux, dans les forêts de l'Argonne; mais il en fut délogé le 14.

Valmy. — DUMOURIEZ se retira et alla les attendre à Valmy où il les battit et ils se retirèrent chez eux. — Cette retraite des Prussiens fut le fruit d'une négociation habile et fort politique de DANTON. Il craignait que les Prussiens, plus nombreux que les Français, et composés de vieilles bandes, ne reprissent l'offensive et ne battissent nos volontaires encore indisciplinés et armés seulement de piques. DANTON sauva ainsi la France.

Résumé. — En résumé, cette Assemblée fut constamment en lutte contre les partis et contre la cour, dont elle eut à déjouer les intrigues et les ruses qui se renouvelaient sans cesse. Elle détruisit la royauté presque malgré elle.

Sociologiquement, elle organisa l'état civil qu'elle retira aux prêtres pour le donner aux municipalités. Elle fit la loi sur le divorce.

Il est probable qu'en dictant ces mots, il songeait au duc d'ENGHIEN.

Quoi qu'il en soit, pour qu'on ait laissé agir ainsi environ 200 gredins, il fallait que leur besogne ne déplût pas aux Parisiens, qui étaient outrés d'indignation contre ces traîtres qui chantaient les victoires des ennemis.

Une chose qu'il faut bien considérer, c'est que pas une exécution n'eut lieu sans un jugement — sommaire, il est vrai, mais enfin jugement, — et qu'il y eut des acquittés, tandis que les massacres de la Terreur blanche furent des boucheries à huis clos. Mais, il ne faut pas croire que je cherche à innocenter les massacres de Septembre : toutefois ils furent une explosion de fureur, tandis que ceux de la Terreur blanche ne furent qu'une exécution haineuse, à froid.

Convention (20 septembre 1792 à 26 octobre 1795.)

La Convention fut élue au suffrage universel à deux degrés et 183 membres de la Législative y entrèrent; les autres députés furent principalement des anciens Constituants et des chefs de clubs. En attendant que les Tuileries fussent organisées pour la recevoir, elle continua à siéger au Manège comme les deux chambres précédentes.

Dès la première séance, Danton monta à la tribune et dit : « Jusqu'ici on a agité le peuple parce qu'il fallait lui donner l'éveil contre les tyrans; maintenant, il faut que les lois soient aussi terribles contre ceux qui y porteraient atteinte, que le peuple l'a été en foudroyant la tyrannie... déclarons que toutes les propriétés territoriales, individuelles et industrielles seront éternellement maintenues. »

Grégoire monta ensuite à la tribune et fit rendre ce décret : « *La royauté est abolie.* »

Puis la Convention proclama la République à qui elle donna pour devise : Liberté, Égalité, Fraternité, — devise métaphysique du principe protestant, — devise *idéale*, dont je démontrerai l'*inanité* dans un instant.

Coup d'œil général sur la Convention.

Mon enfant, la Convention, par son esprit même, fut nécessairement conduite à l'abolition de la royauté, comme préambule de la réorganisation sociale qu'elle

était chargée de faire; car cette royauté prisonnière,
et aussi humble que possible, servait de ralliement à
tous les anciens débris de l'autorité spirituelle et tem-
porelle, non suffisamment anéantis.

La Convention ne voulut aucun obstacle à l'organisation dont elle avait à régler le contrat; elle fit
donc table rase : corporations de toutes les espèces,
maîtrises; clergé et jusqu'aux sociétés savantes furent
dissous, pour tout soumettre à la loi nouvelle. Elle a
tout réorganisé et c'est son *Contrat social* qui est
encore la base du système politique actuel, — contrat
qui, pour devenir stable, doit être mis en harmonie
avec la philosophie naturelle positive, à l'exclusion
radicale des principes imaginaires, sur lesquels il
repose; car ce sont ces principes qui sont la cause de
l'anarchie gouvernementale et sociale du jour et de
celle de tous les gouvernements qui se sont succédé
depuis la Convention.

L'Europe qui, en 1649, avait laissé décapiter
CHARLES Iᵉʳ, sans trop s'émouvoir, n'aurait pas eu
besoin des coupables intrigues de la cour de France
pour se coaliser, car elle sentait que la crise française
était générale et finale. Et l'oligarchie anglaise, qui
aurait dû être désintéressée à la suppression de la
royauté, — dont elle avait donné l'exemple, — se mit
à la tête de la résistance, pour conserver le système
catholique, car malgré son protestantisme et son
régime constitutionnel elle était la plus haute expression du catholicisme primitif.

La Convention ne fit qu'exécuter les volontés de la

nation — volontés, comme je l'ai déjà dit, issues de la critique *a priori* de la métaphysique. Elle reprit, en quelque sorte, l'idée de Louis XI et de RICHELIEU : celle d'une *dictature temporaire* demandée et offerte par le peuple [1].

Ce qu'il faut bien noter c'est que DANTON, l'homme le plus politique de la Convention, fit décréter l'*unité* et l'*indivisibilité* de la France, alors que les malheureux Girondins voulaient l'émiettement de la patrie en 36 républiques provinciales fédérées.

Le modérantisme de DANTON et de C. DESMOULINS [2], après la conquête amicale de la Belgique, de la Savoie, du comté de Nice, des bords du Rhin et d'une grande partie de l'Allemagne, eût peut-être assis momentanément la République, sans l'influence jacobine néfaste de ROBESPIERRE. En effet, cet esprit étroit, jaloux et haineux, tenta d'appliquer le Déisme de J.-J. ROUSSEAU, avec l'abolition de tout pouvoir temporel et le retour rétrograde à l'état primitif *idéal* de l'humanité. — C'est ce qui précipita la chute de la République, car ROBESPIERRE, fidèle aux idées de son

1. Voir, à cet égard, l'admirable discours de DANTON aux délégués municipaux envoyés à Paris pour accepter la constitution de 1793. Ce furent ces délégués qui offrirent la dictature au *grand comité* de SALUT PUBLIC. — Nous allons y revenir en parlant de ce *comité* et de la *Terreur*.

2. Modérantisme qui les fit guillotiner.
Modérantisme hautement approuvé par CARNOT et beaucoup d'autres esprits sages.
— SAINT-JUST fit signer, subrepticement, à CARNOT, le décret contre DANTON; ce fut, dans la suite, entre SAINT-JUST et CARNOT, la cause de prises terribles où CARNOT par ses reproches eut plusieurs fois la vie menacée.

maître, guillotina les athées et tous les opposants à sa politique spartiate et à son déisme national ; il provoqua ainsi la réaction thermidorienne. Il fut le fléau de la Révolution [1].

Après DANTON la République n'exista plus.

La Convention fonda son système politique sur des négations critiques et sur des principes illusoires de la métaphysique, elle ne put donc pas établir un régime stable, car on ne fonde rien sur des illusions.

Devise de la République. — Mon enfant, la Révolution fut l'application, étendue à ses dernières limites, du Déisme de ROUSSEAU et du principe protestant : libre examen = égalité, souveraineté populaire et fraternité.

D'après la loi des trois états d'Auguste Comte [2],

1. ROBESPIERRE fut le fléau de la République,
   MARIE-ANTOINETTE —   de la royauté,
   Mme ROLAND   —   des Girondins,
   NAPOLÉON   —   de l'Europe et de l'humanité,
   EUGÉNIE   —   du second empire.
2. COMTE en établissant par l'observation historique et humaine, que toute nation, comme tout homme est :
Théologien   — à son enfance;
Métaphysicien — à son adolescence;
Et positiviste — à l'âge viril,
soutient que ces trois états successifs sont constants et inévitables, car on ne peut passer de la crédulité enfantine à la raison virile, sans s'arrêter plus ou moins longtemps à l'imagination rêveuse de l'adolescence.
CHEVREUL exprime ainsi la même idée que COMTE :
« Les facultés de l'intelligence représentent trois états :
1° Crédulité   = foi théologique;
2° Imagination = entités métaphysiques;
3° Raison   = réalité scientifique ou positive.
La raison seule est humaine. »

cette phase métaphysique était fatale et ne pouvait pas être évitée ; or, malgré sa subjectivité, elle eut, à ce moment, les conséquences sociales les plus heureuses ; mais aujourd'hui c'est une entrave à l'évolution naturelle finale, elle doit donc être radicalement rejetée, car la liberté, l'égalité, la fraternité, etc., sont des entités de même origine que celles qui eurent cours dans la science, et que l'astronomie, la physique, la chimie et la biologie ont écarté successivement ; car elles gênaient leur essor ; la sociologie doit en faire autant. Il faut, qu'à ces illusions, elle substitue le principe naturel et positif de la *réciprocité*, qui est la traduction, en un seul mot, de la loi « la réaction est égale à l'action ».

Depuis plus de trois siècles, la critique métaphysique de la *Renaissance* a fait, vis-à-vis du catholicisme, exactement ce que la métaphysique critique des Grecs avait fait vis-à-vis du polythéisme : en Grèce, elle ruina insensiblement le théologisme de son époque et, avec lui, l'organisation sociale correspondante, parce que le Destin qu'elle chercha à lui substituer était vain. Or la métaphysique de la Renaissance a également ruiné le système temporel et spirituel du catholicisme, sans rien pouvoir édifier sur son Déisme, qui est tout aussi vain que le *Destin*. Et depuis un siècle les entités de la devise révolutionnaire font que la société est ballottée à droite et à gauche ; avance follement pour reculer honteusement, cherchant sa voie à tâtons sans pouvoir s'asseoir, sans durer quinze ans dans la même idée, sans arriver à l'héré-

dité, parce que l'instruction universitaire fausse les
esprits, avec ses rêveries métaphysiques, et que dès
lors on ne comprend pas qu'à un régime économique
et industriel reposant essentiellement :

1° Sur l'application des lois naturelles positives;

2° Sur le travail libre des prolétaires et non sur le
travail forcé de serfs ou d'esclaves.

Il faut une organisation politique et morale correspondante, c'est-à-dire scientifique et positive.

Liberté. — La liberté n'existe nulle part dans la
nature; c'est l'expression d'une imagination géné-
reuse, mais qui est vaine dans le sens positif.

Corporellement, la liberté est limitée par celle des
autres et ne peut reposer que sur la réciprocité; au-
trement, elle serait la tyrannie du fort vis-à-vis du
faible, comme sous le régime catholique qui était
basé sur le servage.

Intellectuellement, elle est entièrement assujettie
aux lois naturelles : en mathématique, il est impossible de ne pas croire que deux et deux font quatre;
en géométrie, que la somme des angles d'un triangle
n'est pas égale à deux angles droits; en astronomie,
que tous les phénomènes périodiques ne sont pas dus
à la rotation et à la translation terrestre; en chimie,
que les corps ne s'unissent pas en proportions définies; en physique, que la réaction n'est pas égale à
l'action; en biologie, que la vie organique n'est pas
complètement chimique, tandis que la vie animale
est entièrement physique; en sociologie, que tous les
phénomènes ont la réciprocité pour cause.

Toute pensée qui veut s'affranchir de cette subordination est aberrante et constitue un dévergondage
psychique anarchique.

La liberté corporelle et la liberté intellectuelle sont
donc des conceptions extranaturelles qui doivent
aujourd'hui être remplacées : l'*une* par la réciprocité,
l'*autre* par la subordination rationnelle au démontré,
au réel, au tangible.

Certes, la liberté délirante de la Révolution, tout
en étant oppressive, n'était que la réaction contre le
servage ; elle a eu un effet sociologique considérable
en rendant l'homme maître de son individu ; elle a
anéanti le droit que les forts se donnaient sur les faibles, elle a détruit le principe féodal « la force prime
le droit ». Le 14 juillet 1789, les Parisiens ont détruit
la Bastille et les jours suivants les provinciaux ont
incendié et démoli les châteaux féodaux, — véritables tanières de fauves, — et des culs de basses fosses
et des *in pace* ecclésiastiques sont sortis des milliers
de misérables prisonniers affamés, en haillons et
couverts de vermine. — Cette réaction était si juste,
qu'à cette nouvelle l'Europe entière fut ivre de joie
et qu'on s'embrassait jusque dans les rues de Saint-
Pétersbourg. Le 14 juillet fut le premier jour de l'ère
de la Liberté [1].

Quant à la liberté de la presse, à la liberté de la
parole, à la liberté de réunion, comme elles ont été

1. L. BLANC, dans son histoire de la Révolution, date tous
les événements qui suivirent le 14 juillet de l'an I" de la
Liberté.

pratiquées pendant la Révolution, et comme elles le sont aujourd'hui, c'est la liberté de mentir, d'insulter et de tromper les populations crédules, ces libertés sont filles du libre examen et engendrent la *souveraineté populaire*.

Mon cher enfant, considérons sommairement cette souveraineté populaire, sous le double rapport de l'histoire et de la logique.

Historiquement, c'est un retour à la métaphysique grecque. Qu'a-t-elle produit en Grèce et à Rome? Soit qu'elle se soit exercée directement ou par mandataires élus, elle a constamment été inconsciente, versatile, oppressive et anarchique, et elle a conduit au militarisme. La Révolution, en reprenant les principes protestants issus de la critique métaphysique, renouvelée des Grecs, devait fatalement arriver au 18 brumaire, à la suite de la souveraineté directe jacobine et à la suite des entraînements électoraux, inconscients et affolés.

La souveraineté populaire directe ou par mandataires élus est donc un contresens politique, jugé par l'expérience sociologique. Que la Révolution en ait fait un régime gouvernemental, ceci était fatal et nécessaire pour détruire le catholicisme basé sur le servage; mais qu'en 1848 Ledru-Rollin soit revenu à cette aberration et qu'aujourd'hui on emploie ce système, c'est incompréhensible pour les gens réfléchis.

Logiquement, l'organisation sociale finale doit reposer sur l'application des lois positives, c'est-à-dire sur le savoir; or le peuple est ignorant. Le savant peut diriger, tandis que l'ignorant doit être dirigé. Mais la différence radicale c'est que le peuple au lieu d'être dirigé par le fort et par l'habile, comme au temps de l'esclavage et du servage, doit l'être par le savant qui, au lieu de l'arbitraire et des fictions, n'aura recours qu'à la justice et à la positivité des lois naturelles auxquelles tout homme sensé doit se soumettre.

Le libre examen, avec toutes ses conséquences sociales, est donc une conception extra-naturelle; *historiquement*, il a toujours été néfaste, *logiquement*, il est contraire au bon sens méthodique et même au bon sens vulgaire, il doit donc radicalement disparaître du régime positif des lois naturelles pour que celui-ci amène l'ordre et le progrès continus, et l'harmonie économique, morale et politique.

Égalité. — L'égalité a eu son utilité révolutionnaire pour ruiner, le 4 août 1789 et le 20 juin 1790, la vieille classification des *trois ordres;* mais il n'existe pas dans la nature — c'est une véritable conception subjective, car il est impossible de trouver un seul cas d'égalité corporelle ou spirituelle au monde.

L'égalité positive repose entièrement sur la *réciprocité* comme base de la justice sociale naturelle.

Fraternité. — La fraternité n'est pas plus naturelle que la liberté et que l'égalité. Jusqu'à la Révolution, les sociétés furent essentiellement fondées sur l'égoïsme des castes, et la prétendue charité chrétienne, n'a été, comme elle l'est encore, qu'un moyen d'asservissement et de propagande de la foi.

L'homme a besoin du stimulant du bien-être pour travailler, et le simple bon sens vulgaire démontre :

1° Que la vie individuelle est caractérisée par la prépondérance des instincts égoïstes ;

2° Que si la vie familiale est basée sur la prédominance des sentiments affectifs et altruistes sur les sentiments égoïstes, la famille ne constitue un *ordre statique* réel et ne se conserve que par l'égoïsme.

Dans une société basée sur les lois naturelles, il faut que l'égoïsme et l'altruisme se manifestent dans une juste proportion de *réciprocité*. — Dans mon plan de réorganisation sociale naturelle, j'ai exposé l'idée de mutualité d'après celle des éléments anatomiques du corps d'un animal quelconque.

Pour imiter la mutualité histologique, il faut qu'il y ait association des prolétaires de chaque corps de métiers et qu'un prélèvement *réglementé* sur l'épargne constitue le fonds mutuel de l'association. C'est ainsi seulement que les sentiments altruistes peuvent devenir efficaces et constituer la solidarité mutuelle ; mais ce serait un leurre que de compter sur l'altruisme, en dehors d'un élan momentané dans certaines circonstances exceptionnelles, car l'homme est essentiellement égoïste.

Je répète donc que l'altruisme ne peut devenir sérieux et efficace que par la *réglementation rationnelle de la réciprocité;* mais ne pas compter sur sa spontanéité, car ce serait illusoire.

La fraternité est donc complètement subjective et cette entité, poussée à l'extrême, aboutit au communisme, comme le conçurent PYTHAGORE et PLATON et, comme le prônent aujourd'hui certains esprits égarés qui reprennent les vieilles illusions utopiques de la métaphysique grecque. Le communisme serait la ruine radicale de tout état familial et social; ce serait la consécration de la paresse et de l'incurie et un État qui serait basé sur le communisme serait un désert au bout d'un an [1].

Certes, au moment de la Révolution, ce fut une explosion de fraternité qui, après la prise de la Bastille, anima le peuple français dans ses fêtes fédérales, fêtes qui aboutirent, le 14 juillet 1790, à celle du Champ de Mars, laquelle fut le mariage de Paris avec les provinces.

C'est cette même fraternité qui provoqua l'union sympathique de la Savoie, du comté de Nice, des peuples des bords du Rhin, de la Belgique, etc., à la France.

Le cœur déborde quand on voit, à Chambéry, MONTESQUIOU et sa petite armée entourés par 60,000 montagnards prosternés à genoux, découverts, entonnant le couplet de la *Marseillaise* :

> Liberté, liberté chérie,
> Combats avec tes défenseurs.

On a les larmes aux yeux lorsque l'on voit les soldats de DUMOURIEZ entrer dans les villes belges où, au

---

1. En se promenant à la campagne, si on trouve des terrains désolés et sans culture on peut affirmer que ce soit des biens communaux.

lieu d'ennemis, ils trouvent des frères qui ont dressé
et servi des tables sur les places publiques et devant
leurs portes.

Ah! Napoléon, sois maudit! Pour satisfaire ton
ambition égoïste, tu as changé en *haine* ce sublime
mouvement de sympathie de l'Europe pour la France.
Sois maudit!! car ta sauvage oppression a provoqué
l'union irrationnelle des peuples et des rois, pour
envahir la France et venir deux fois, à Paris, écraser
ta politique rétrograde et te chasser honteusement.

Résumé. — La liberté, l'égalité, la fraternité,
sont des entités métaphysiques appliquées à la sociologie, comme la phlogistique, l'horreur du vide, le
fluide sonore, l'émission, le principe vital, l'âme, les
miasmes, les virus, etc., furent des entités appliquées
aux sciences. Or, d'après la loi des *trois états*, toutes
ces entités devaient fatalement prendre naissance, et
elles eurent leur efficacité en provoquant des recher-
ches confirmatives. Mais bientôt elles ont entravé
l'évolution scientifique et les savants, par l'observation, par l'expérimentation et par la comparaison, en
ont démontré l'inanité. Pour les mouvements célestes
la gravitation a remplacé Dieu; la pesanteur a été
mise à la place de l'horreur du vide; l'ondulation a été
substituée à l'émission; la phlogistique a disparu
devant l'oxydation; les lois physiques et les lois chimiques ont anéanti le principe vital et l'âme; les
microbes ont annihilé les virus et les miasmes. En
sociologie, la *réciprocité* fait justice du libre examen
et de toutes ses conséquences. La loi naturelle de la

réciprocité fera marcher rapidement l'évolution sociale vers sa phase terminale, comme la loi des proportions définies fit marcher la chimie, comme la loi de l'équivalence fit progresser la mécanique, etc.

La sociologie, comme toutes les autres sciences, doit être basée sur le réel et tout ce qui ne peut être ni observé, ni expérimenté, ni comparé, doit être rejeté comme vain et comme inutile, sinon nuisible, à la marche ascendante du bien-être familial et de la félicité publique, qui sont le but de toute organisation sociale.

L'organisation économique, morale et politique du prolétariat, — qui embrasse aujourd'hui tous les gens actifs, c'est-à-dire l'universalité presque complète des citoyens — doit faire table rase de tout ce qui est antérieur [1], car tout ce qui est *antérieur* a été conçu *a priori :* 1º d'après les fictions théologiques qui enfantèrent le catholicisme; 2º ensuite, d'après les entités de la métaphysique qui ne reposent que sur les illusions passionnelles, lesquelles ont donné naissance à cet état anarchique et révolutionnaire qui depuis *cent ans* démontre son impuissance radicale à établir l'ordre et la stabilité gouvernementale.

Pour amener l'harmonie économique, morale et politique, reposant sur les lois positives de la nature, il faut absolument que les directeurs sociaux, d'un ordre quelconque, connaissent exactement les lois à appliquer; or, un mode électoral restreint ou univer-

1. C'est ce qui ressort avec évidence du 7º graphique de mon plan d'organisation sociale selon les lois naturelles.

sel est radicalement impuissant pour désigner les capacités, celles-ci ne peuvent être mises en évidence que par le concours.

. 1° La *réciprocité*, pour base de la morale et de la politique ; 2° la *science*, pour base de l'économie industrielle et commerciale ; 3° la *coordination* des lois naturelles, pour base de la conception philosophique, amèneront forcément l'harmonie générale, qui se substituera à l'anarchie générale actuelle.

Principaux actes de la Convention.

Mon enfant, l'histoire de la Convention pourrait se résumer ainsi : Pendant les neuf premiers mois, il y eut une lutte inexorable entre la Gironde et la Montagne. La Montagne triompha et gouverna du 2 juin au 9 thermidor, mais le Comité de Salut public, qui avait la dictature pendant ce temps-là, ruina la Commune et soumit la Montagne. Du 9 thermidor au 4 brumaire an IV, la Convention établit le régime légal et vainquit successivement le parti révolutionnaire et le parti royaliste.

Le testament de la Convention fut une loi d'amnistie dont l'article 1er est le suivant : à dater du jour de la paix générale, la *peine de mort* sera abolie dans toute la République française. »

Ce résumé ne peut nous suffire, il nous faut considérer la cause des principaux événements de cette immortelle époque pour en déduire notre instruction sociologique.

Partis au sein de la Convention. — Mon enfant, nous nous souvenons que le 10 août 1792, les Parisiens aidés par les Brestois, les Marseillais, les Avignonnais, etc., — accourus à l'appel de leurs députés, au secours de la patrie en danger — avaient pris les Tuileries et enfermé le roi au Temple. Ce peuple, grisé par la devise républicaine, qui l'avait conduit au combat, voulut qu'elle fût mise complètement à exécution. Pour cela, dans les grandes villes, et spécialement à Paris, il élut, le 2 septembre, — c'est-à-dire, vingt-deux jours après la lutte terrible — où 5,000 hommes avaient été tués, — les hommes les plus énergiques des clubs et de la presse.

Immédiatement, à la Convention, il se forma trois partis :

1° Les *Montagnards* qui voulurent un nouveau contrat social selon l'esprit démocratique de leurs électeurs; ils siégeaient à gauche sur les bancs les plus élevés, d'où leur nom.

2° Les *Girondins*, qui étaient les révolutionnaires de la Législative, mais qui voulaient, tout en étant républicains, conserver tout ce qu'ils pourraient de la constitution de 1791 ; ils siégeaient à droite à la Convention, tandis qu'ils étaient à gauche dans la chambre précédente.

3° Le *centre* — insolemment appelé *Crapauds du Marais*, — tous hommes nouveaux n'ayant pas encore de parti arrêté. Les hommes du centre comptaient les plus grandes illustrations scientifiques, littéraires

et artistiques de France. Ce furent les travailleurs
des bureaux et les aides actifs du Comité de *Salut
public*. Ce furent eux qui firent triompher les thermidoriens.

Les Girondins étaient les plus nombreux, de plus
ils étaient soutenus par toutes les autorités et par
l'armée.

Les Montagnards n'avaient pour eux que la commune de Paris et les clubs.

**Premières luttes entre les Montagnards
et les Girondins.** — Immédiatement les deux partis extrêmes entrèrent en lutte avec le plus inexorable
acharnement pour prendre la direction générale.
MARAT, dont MICHELET et LAMARTINE [1] ont fait le hideux
portrait physique et moral, fut le principal instigateur
de cette lutte sous la Convention, mais, comme le dit
CARNOT [2], elle avait déjà pris naissance sous la Législative; en effet, cette assemblée, après le 10 août,
avait nommé un *comité de défense* et la Convention
l'avait maintenu avec une partie des mêmes membres.
Mais comme tout le monde y était admis, c'était un
véritable club où les législateurs avaient des prises
terribles avec les chefs de clubs et avec les membres
de la commune révolutionnaire. Ce comité tenait ses
séances, le soir, à l'hôtel d'Elbœuf, sur la place du
Carrousel. Ce n'est qu'en janvier 1793, après l'exécution du roi, que ce comité fut reconstitué sur une pro-

---

1. MICHELET. — *Révolution.*
   LAMARTINE. — *Girondins.*
2. CARNOT. — *Mémoires*, par son fils, t. I, page 333.

position de Kersaint. En mars il devient Comité de *Salut public* sur une nouvelle proposition de Qui-nette appuyée par Isnard, — mais ce n'est que plus tard qu'il devient dictatorial comme nous le verrons bientôt.

En définitive, pendant près de trois mois, la Gironde attaqua la Montagne sans l'affaiblir, la Commune sans la soumettre et les sections sans amoindrir leur influence ; mais elle irrita profondément Paris et donna une immense popularité à Marat et à Robespierre [1].

La Montagne riposta en accusant la Gironde de *fédéralisme* et de vouloir transporter le siège du gouvernement dans le Midi. C'est pour cette raison, qu'à la voix de Danton, la Convention décréta l'*unité* et l'*indivisibilité* de la République. Or, dès le 24 septembre, c'est-à-dire *deux* jours après la proclamation de la République, Kersaint soutenu par Vergniaud et par Buzot avait demandé la création d'une garde de la Convention fournie par les départements et il avait dit : « Croit-on nous rendre esclaves de quelques députés de Paris » ? Alors Danton monta à la tribune où il flétrit Marat et les exagérés, puis il ajouta : « Quant à moi, je n'appartiens pas à Paris par ma naissance, aucun de nous n'appartient à tel ou tel département, nous appartenons tous à la France. Je demande la peine de mort contre quiconque voudrait détruire l'unité de la patrie. » Ceci montre combien les Giron-

---

1. Il faut lire les attaques de Rebecqui, de Louvet, de Bar-baroux, d'Isnard, etc., et les réponses de Marat, de Robespierre, etc.

dins, poussés par Mme ROLAND, furent maladroits dans leurs attaques, et quel bon sens avait DANTON.

Procès du roi, 13 décembre 1792 à 21 janvier 1793. — Ces disputes n'aboutissaient pas et elles fatiguaient les députés et le public.

Alors, pour un double motif, les Montagnards demandèrent qu'on fit le procès du roi ; ils voulaient :

1° Perdre définitivement les Girondins s'ils essayaient de sauver Louis XVI, car ainsi ils accuseraient leur royalisme ;

2° Jeter la tête du roi en défi aux souverains coalisés et mettre la France dans l'impossibilité de reculer et même de s'arrêter.

L'espoir des Montagnards fut déçu, car il y eut des leurs qui ne votèrent pas la mort, tandis qu'il y eut des Girondins qui la votèrent.

Réflexions sur ce procès. — CARNOT dit : « La constitution voulait qu'il n'y eût point d'autorité supé- à la loi et qu'il n'y eût pour aucune partie de la nation, ni pour aucun individu de privilège ni d'exception au droit commun. Or, Louis XVI était pris en flagrant délit de trahison et de parjure, aussi sa culpabilité fut unanimement déclarée ; on ne se divisa que sur la question de la peine. »

Sur son bulletin de vote CARNOT dit qu'il a écrit : « La justice veut que Louis meure, la politique le veut également, » puis il ajoute : « En tout pays on condamne ceux qui conspirent contre l'État, le peuple, le vrai souverain, n'aurait-il pas le même droit ? » Il ajoute encore : « Le manifeste du duc de BRUNSWICK a été

l'arrêt de Louis XVI, car les choses en étaient venues
à un point qu'il fallait que le roi pérît, sinon la Convention et la France avec elle. Louis a commis le plus
grand crime dont un roi puisse se rendre coupable :
celui de livrer son pays à l'étranger; malgré cela il
eût été sauvé si on n'eût pas délibéré sous les poi-
gnards. »

C'était la manière de voir non seulement des Montagnards, mais aussi de certains Girondins : Vergniaud,
Ducos, Garrau, etc.

L'armée approuva la Convention et lui envoya une
adresse où elle dit : « Nous vous remercions de nous
avoir mis dans la nécessité de vaincre. »

Carnot ajoute enfin : « Un calme, une solennité et
une tolérance remarquable présidèrent à l'instruction
et aux débats du procès ; la liberté et la publicité de la
défense furent complètes ; l'attitude de l'Assemblée,
digne et sévère. Un député qui s'était permis d'em-
ployer le mot *coupable*, au lieu de celui d'accusé, avant
le jugement, souleva des murmures universels. Après
la condamnation prononcée, les honneurs de la séance
furent, par un décret, accordés aux défenseurs de
Louis XVI. »

« Un député malade — Duchastel — s'était fait porter
à la séance pour voter, mais le dépouillement du scru-
tin étant commencé, il s'agissait de savoir si son vote
serait admis — décision d'autant plus importante
qu'une seule voix, croyait-on, pourrait faire pencher
la balance. — « Pour l'honneur de la Convention,
dit Garrau, je demande que le suffrage du citoyen

« Duchastel soit accepté — s'il avait voté pour la mort,
« j'en aurais demandé la radiation. » La Convention
accepta la proposition de Garrau qui, lui-même, avait
voté la mort. »

**La lutte entre la Montagne et la Gironde
devient plus acharnée.** — Ce fut Vergniaud, président de la Convention, qui dépouilla le vote et prononça la condamnation du roi. Après l'exécution de
Louis, Vergniaud et le bureau de l'Assemblée adressèrent un appel à la concorde, à la nation, et le calme
régna quelques jours.

Mais l'exécution du roi avait transporté les royalistes de fureur.

Partout à l'*intérieur*, les nobles et les prêtres com-
plotaient, et Paris, un ancien garde du corps, avait,
le 24 janvier, assassiné un Montagnard, Lepelletier
Saint-Fargeau.

A l'*extérieur*, les nouvelles devinrent alarmantes et
le 1er février, la Convention dut déclarer la guerre à
l'Angleterre.

Alors la lutte recommença, plus acharnée que jamais, entre les partis extrêmes, et les deux principaux adversaires des Girondins furent Robespierre
et Marat; non seulement ils les poursuivaient à la
Convention, mais Robespierre les attaquait insidieu-
sement et hypocritement aux Jacobins, tandis que
Marat, depuis la fin de janvier, jusqu'au 2 juin, ne
cessa pas un seul jour de les traiter d'*intrigants*, de
leur imputer tous les malheurs de la France et
d'exciter, contre eux, la Commune et les sans-cu-

lottes [1]. Mais DANTON, pendant ces attaques furieuses, chercha constamment à amener la conciliation. Il aimait et admirait les Girondins, car la haine et la jalousie étaient étrangères à son cœur; mais ceux-ci, dirigés par Mme ROLAND, ne voulurent rien entendre [2].

La nouvelle coalition organisée par l'Angleterre, l'insurrection du 10 mars, suscitée, en Vendée, par les prêtres, celle de ce même 10 mars, soudoyée, à Paris, par l'or anglais, la trahison de DUMOURIEZ et l'invasion de la France, auraient dû, si la haine réciproque des deux partis eût été moins aveugle, suspendre ces attaques et unir tous les députés, en face du danger public. Point. La lutte ne fit que redoubler de violence et la trahison de DUMOURIEZ accabla les

---

1. Depuis 1870, nous avons également une presse imbue d'idées métaphysiques qui attaque sans relâche le gouvernement et les honnêtes gens et pousse le peuple, par ses idées utopiques, à une anarchie sauvage. N'est-ce pas une honte que les attaques qui eurent lieu contre Gambetta, etc.?

2. MICHELET et LAMARTINE portent Mme Roland aux nues. Certes, c'était une femme d'esprit, de grande intelligence et très patriote, mais c'était une femme qui suivait plutôt ses sentiments et son amour-propre que la raison.

C'est une question d'amour-propre qui lui fit repousser les avances de DANTON et qui conduisit les Girondins à leur perte. Pourquoi? parce qu'elle ne pardonnait pas à DANTON la réponse qu'il fit à son mari : « J'étais seul dans mon ministère. » Cette réponse était injuste, car ROLAND était un homme de valeur, mais en définitive ce n'était qu'une petite pointe de malice en réponse à l'accusation perfide que ROLAND formulait contre lui relativement à sa gestion et dont lui, ROLAND, connaissait tous les détails : pour l'affaire de la retraite des Prussiens après Valmy et pour le complot des royalistes bretons.

De plus, DANTON était trop laid et elle trouvait son langage trop *net*. BUZOT était plus beau que lui et son langage était très harmonieux. C'est ainsi qu'elle devint le fléau des Girondins.

Girondins, car MARAT publia tous les jours, dans son infâme journal, que DUMOURIEZ était un Girondin et que les *intrigants* étaient ses complices.

Les provocations de MARAT au pillage et au meurtre devinrent si atroces qu'elles soulevèrent la Convention; en effet, le 12 avril, après la lecture, par PÉTION, d'un numéro de l'*Ami du Peuple*, la Gironde, appuyée par le Centre, demanda que MARAT fût décrété d'accusation, et l'Assemblée, malgré les efforts de DANTON, qui criait de toutes ses forces : « N'entamez pas la Convention », rendit son funeste décret [1].

Dès le surlendemain, 14 avril, PACHE, maire de Paris, vint à la barre de la Convention, demander l'expulsion des Girondins, au nom de la Commune et des sections.

La guerre civile était dans l'air et DANTON employa toute son énergie pour éviter un choc sanglant et pour éloigner les chefs girondins menacés de mort, mais il ne put les décider à quitter volontairement leur poste.

Le 24 avril, — dix jours après, — MARAT fut acquitté et apporté en triomphe, par le peuple, du tri-

1. Ce malheureux décret, en supprimant l'*inviolabilité* des membres de l'Assemblée, fut la cause que tous, Girondins et Montagnards, furent ensuite guillotinés.
Il est vrai que le 6 avril, c'est-à-dire *six* jours auparavant, la Convention avait décrété le duc de Chartres, — futur LOUIS-PHILIPPE, général divisionnaire de DUMOURIEZ, — traître à la patrie, et qu'elle avait fait arrêter son père, PHILIPPE-EGALITÉ, un membre de la Convention; mais, dans cette circonstance, elle avait décrété le bannissement de tous les Bourbons, à cause de la traîtrise du duc de Chartres.

bunal du Châtelet à la tribune de la Convention. Là, il dit aux Girondins : « Je vous tiens. »

Or, c'est à ce moment qu'on apprit que Condé était au pouvoir des ennemis et que Valenciennes était menacée. Il se forma alors une conjuration entre la Commune, les Jacobins et les *enragés* de l'Évêché, c'est-à-dire de tous les ennemis irréconciliables des Girondins.

La Commune s'arrogea tous les pouvoirs et donna des ordres à la Convention.

Le 18 mai, GUADET demanda à la Convention de réagir contre l'arbitraire anarchique de la Commune et l'Assemblée nomma une commission de *douze membres* pour examiner la conduite de la Commune. Cette commission se saisit des registres des procès-verbaux de l'assemblée de l'Hôtel de Ville et fit arrêter HÉBERT au sein même de la Commune.

Cette arrestation et une parole imprudente d'ISNARD [1], président de la Convention, furent le signal d'une première insurrection qui dura du 27 au 31 mai. DANTON chercha en vain à atténuer l'effet de ces paroles menaçantes, mais elles soulevèrent Paris, car MARAT sut persuader aux Parisiens que les Girondins avaient formé un complot contre la ville.

L'insurrection contre le comité des *douze* éclata le 27 mai et se prolongea jusqu'au 31.

---

1. ISNARD répondit à une députation de la Commune qui venait demander l'élargissement d'Hébert : « Si jamais on portait atteinte à la Convention... je vous déclare, au nom de la France entière, Paris serait anéanti et on chercherait, sur les bords de la Seine, si Paris a existé. »

Dès le 26, ROBESPIERRE avait dit aux Jacobins :
« Quand le peuple est opprimé, quand le despotisme
est à son comble, celui-là serait un lâche qui ne dirait
pas au peuple de se lever... ce moment est arrivé. »

Le 27, la Commune vint à la Convention réclamer
la suppression de la commission des *douze* et la liberté
d'HÉBERT. Or, après une séance des plus orageuses,
les députés du centre et certains Girondins, succom-
bant de fatigue, se retirèrent avant la fin de la séance ;
immédiatement, les chefs de sections prirent leur
place et votèrent, avec la Montagne, la suppression
des *douze*.

Mais le 28, c'est-à-dire le lendemain, LANJUINAIS fit
rétablir cette commission, — il faut ajouter, pour la
vérité, qu'il fut appuyé par DANTON, qui redoutait le
triomphe complet des Montagnards, dont il était le
chef. — DANTON tenta, à nouveau, un rapprochement
avec les Girondins et il se serait certainement entendu
avec VERGNIAUD, leur chef, mais les autres, excités par
Mme ROLAND, dédaignèrent encore ses ouvertures.

Le 29, la restauration des *douze* transporta la Commune de fureur et HÉBERT, sorti de prison, alla partout crier vengeance. La journée se passa à organiser
une nouvelle insurrection.

Le 30, les conjurés se réunirent à l'Évêché et se
déclarèrent en insurrection. Ils nommèrent HENRIOT
commandant de la force armée et votèrent 2 francs
par jour aux sans-culottes qui prendraient les armes.

Le 31, tout étant prêt, on sonna le tocsin, on battit
la générale, on tira le canon d'alarme et les conjurés

se dirigèrent sur la Convention. Ce jour-là, l'Assemblée fut contrainte de supprimer les *douze* et, après le vote, la foule se dispersa tranquillement.

Mais si les sections étaient satisfaites, les Robespierristes, les Maratistes et les furieux de l'Évêché ne l'étaient pas; ils firent immédiatement répandre le bruit que certaines sections du centre avaient pris la cocarde blanche; alors toutes les sections des faubourgs revinrent précipitamment en armes et avec du canon. Heureusement, qu'avant de s'entr'égorger, on voulut parlementer; on constata alors qu'on avait été trompé, car toutes les sections avaient la cocarde tricolore : on s'embrassa, on but à sa santé et on alla bras dessus et bras dessous à la Convention pour la faire participer à la réconciliation. La Convention sortit en corps et fit, avec la garde nationale, une promenade aux flambeaux, par toute la ville.

Marat, Robespierre et tous les conjurés écumaient de rage ; il leur fallait les Girondins. Immédiatement ils firent écrire, aux sections, par la Commune : « Citoyens, restez debout, les dangers de la patrie vous en font une loi suprême. » Et, le même soir, Billaud-Varennes dit aux Jacobins : « Il n'y a que moitié de fait. »

Dès cette même soirée, du 31, Pache et Marat se rendirent au Comité de *Salut public* pour le sommer de convoquer la Convention à une séance de nuit. Marat courut ensuite à l'Hôtel de Ville et monta au clocher pour sonner lui-même le tocsin et faire battre la générale, mais le Comité de Salut public ne convoqua pas la Convention.

Or, pendant cette même nuit, MEILLAN, un membre du Comité de Salut public, qui avait entendu la requête de MARAT et de PACHE, se rendit chez DANTON pour le supplier de sauver l'Assemblée et la France; il le trouva très absorbé, très sombre, se promenant à grands pas. Après une longue discussion sur les moyens de sauver la patrie, DANTON dit : « ils n'ont pas confiance », en faisant allusion aux Girondins.

Mais pendant cet entretien, quelques députés montagnards, en entendant le tocsin, se rendirent à la Convention, où arriva bientôt une députation de la Commune, qui voulait qu'on prît en considération une pétition demandant l'expulsion des Girondins. CAMBON, après une verte admonestation à LEGENDRE, qui voulait qu'on décrétât, fit renvoyer la pétition au Comité de Salut public.

Ce renvoi rendit MARAT blême de fureur.

Lorsque MEILLAN eut quitté DANTON, ce dernier tenta un dernier effort : il offrit aux Girondins de se livrer comme otage, à Bordeaux, si les chefs de la Gironde voulaient se retirer; ils n'acceptèrent pas davantage.

Le 1er juin, le peuple, satisfait de la démission des *douze* et surtout de sa promenade aux flambeaux avec la Convention, ne bougea pas, malgré les excitations pressantes des conjurés.

2 juin. 31 Girondins suspendus. — HENRIOT avec 90,000 hommes vint cerner l'Assemblée.

Pourquoi ce revirement du jour au lendemain?

Parce que dans la nuit les nouvelles les plus graves étaient arrivées à Paris et que MARAT sut les inculper aux Girondins : on apprit que le camp de Famars était forcé, que Valenciennes était investie, que les Vendéens avaient pris Fontenoi, qu'une insurrection royaliste avait éclaté dans la Lozère et qu'enfin les deux commissaires de la Convention avaient été chassés de Lyon après que les sections girondines eurent expulsé la municipalité jacobine de l'hôtel de ville.

.A la Convention, MARAT et COUTHON furent atroces.

Il faut lire l'altercation de LANJUINAIS et de LEGENDRE, les discours de BILLAUD-VARENNES, de TALLIEN, de BAR-RÈRE, de LAREVEILLÈRE-LÉPEAUX, d'ISNARD, de FAUCHET, de BARBAROUX, etc.; il faut lire l'éclat d'indignation de LACROIX, de GRÉGOIRE, de DANTON, etc.

En résumé, MARAT parla en maître, il donna le nom de 31 Girondins qui furent suspendus; or quelle fut la cause de cette suspension et de la guerre civile qui la suivit? Mme ROLAND.

Grand Comité de Salut public. — Mon enfant, la *dictature* du grand Comité de Salut public et la *Terreur* sont deux enfants jumeaux, nés le 26 juin, — le surlendemain de la fête civique donnée le 24 aux Champs-Élysées et au Champ de Mars, aux délégués des 44,000 municipalités de France, venus à Paris pour l'adoption de la nouvelle Constitution.

Cette Constitution, rapidement faite après le 2 juin, consacrait l'utopie de la souveraineté populaire avec le suffrage universel, sans condition de fortune; la liberté, l'égalité et la fraternité étaient ses principes. — Elle mourut en naissant. Néanmoins son effet fut considérable, car le peuple se crut sauvé par elle. « Le peuple, dit CARNOT, y vit la fin de ses maux[1]. »

A quel moment la Convention donnait-elle des fêtes civiques aux délégués municipaux?

Alors que Lyon, Marseille, Bordeaux, Nantes, Brest, Lorient, Nîmes, Toulon, Montauban, etc., etc., prenaient les armes à l'appel des Girondins; alors que soixante départements étaient en révolte; alors que les Vendéens venaient de prendre Bressuire, Argentan et Thouars, assiégeaient Saumur et voulaient livrer Nantes aux Anglais, lesquels avaient déjà Toulon; alors que Lyon, au pouvoir des royalistes, appelait 20,000 Piémontais conduits par les émigrés; alors que Mayence avait capitulé et que les armées ennemies avaient franchi les Pyrénées au midi, et qu'au nord, ils étaient devant Arras, dernière place forte avant Paris; alors que, par surcroît de malheur, tous nos ports étaient bloqués par les flottes anglaises. « Jamais gouvernement ne fut dans une situation plus alarmante et ne parut plus près de sa ruine, dit Jomini. »

Le calme de la Convention, dans une situation si

---

1. Dans cette constitution, il y avait un article relatif aux rapports de la République avec les peuples voisins, ainsi libellé : « Le peuple français ne fait point la paix avec un ennemi qui occupe son territoire; » un député dit : « Avez-vous fait un traité avec la victoire? » BAZIRE répond : « Nous avons fait un pacte avec la mort. »

terrible, dépasse en sublime l'orgueil du sénat romain vendant le champ sur lequel ANNIBAL était campé.

Les délégués, admis à la barre de la Convention, dirent que la France acceptait la Constitution, mais *ils demandèrent*, en même temps :

1° *L'arrestation de tous les gens suspects;*

2° *La levée en masse.*

La Convention suspendit cette Constitution qu'elle venait de proclamer et s'empara de la dictature qu'elle attribua au Comité de Salut public. DANTON monta immédiatement à la tribune et fit une réponse véhémente aux délégués. « La Convention, dit-il, doit être pénétrée de toute sa dignité; c'est à coups de canon qu'il faut signifier la Constitution à nos ennemis... c'est le moment de faire ce grand et dernier serment, que nous nous vouons à la mort ou que nous anéantirons les tyrans. » Tous les députés et les délégués firent solennellement ce serment.

Telle est l'origine du grand Comité de Salut public et celle de la Terreur.

La Convention ne faiblit pas, et, par sa sublime et indomptable énergie, elle triompha de tout.

Mon cher enfant, je ne puis pas abandonner ce sujet, sans te prouver que la dictature momentanée et *surveillée* du Comité de Salut public était alors indispensable pour comprimer *trois* ou *quatre* partis à *l'intérieur*, pour terminer la guerre civile et pour reconstituer les armées destinées à repousser l'Europe coalisée qui foulait le sol de la patrie.

Accord et désaccord. — Reprenons la guerre à son origine et nous constaterons sociologiquement que l'*accord* ou le *désaccord* entre le gouvernement et les généraux entraîne la victoire ou la défaite suivant l'état correspondant [1].

Aussi, en 1792, LA FAYETTE, LUCKNER et ROCHAMBEAU furent battus par trois motifs :

1° Parce qu'eux, royalistes, n'étaient pas d'accord avec le ministère girondin ;

2° Parce qu'ils commandaient les vieux débris de l'armée royale, dont le plus grand nombre des officiers avaient émigré et étaient dans les rangs ennemis ; et parce que les officiers qui restaient étaient des traîtres qui étaient en relations avec leurs amis émigrés, et qu'ils provoquaient des désertions telles que parfois des compagnies entières passaient aux Austro-Prussiens avec armes et bagages. De cette façon les soldats étaient sans confiance et, de plus, on répandait à dessein des bruits de trahison ; en sorte que les troupes de ces généraux fuyaient en criant *sauve qui peut* sans même tirer un coup de fusil ;

3° Parce que la reine et le comité autrichien des Tuileries renseignaient l'empereur sur toutes les décisions prises au Conseil des ministres. MARIE-ANTOINETTE notamment avait une haine si féroce contre

---

1. La victoire aime l'ordre et suit l'harmonie,
Elle déteste le désordre et fuit l'anarchie.

C'est ce que nous avons vu dans tout le cours de cette étude sociologique, dans tous les temps et dans tous les lieux.

La Fayette qu'elle ne désirait rien tant que de le faire battre honteusement.

Mais après l'invasion, lorsque Vergniaud eut fait proclamer la Patrie en danger, les généraux Dumouriez, Kellermann, Custine, etc , étaient Girondins et d'accord avec le ministère, aussi furent-ils vainqueurs.

Mais il faut bien considérer :

1° Que l'armée de cette seconde phase était *nationale*, et composée de volontaires qui volaient au secours de la Patrie,—du toit paternel,—et non de mercenaires;

2° Que ces volontaires avaient confiance dans leurs officiers, parce que, d'après le décret de la Législative, ils les avaient choisis eux-mêmes dans leurs rangs;

3° Qu'ils avaient également confiance dans leurs généraux, car ils avaient les mêmes sentiments patriotiques qu'eux-mêmes.

Aussi les armées de cette seconde phase étaient composées de patriotes ardents, commandés par des amis, au lieu de vendus, conduits à coups de plat de sabre par des nobles arrogants.

L'accord était complet, d'où la victoire.

Mais il faut ajouter qu'en dehors de Valmy contre les Prussiens et de Jemmapes contre les Autrichiens, nos volontaires ne rencontrèrent plus d'ennemis; ils marchaient en chantant la *Marseillaise*, non en conquérants, mais en libérateurs, en sorte que les populations accouraient au-devant d'eux, les couronnaient de fleurs et les régalaient en des banquets fraternels. Et l'armée belge demanda en grâce son incorporation à l'armée française.

Custine fit une marche triomphale jusqu'au cœur de l'Allemagne, où les manifestations sympathiques et enthousiastes du peuple l'entraînèrent malgré lui.

Sur toutes nos frontières, c'était la même chose.

Mais ensuite il y eut désaccord entre Dumouriez et la Convention, alors ce fut de nouveau la défaite.

Deuxième coalition. — Mais avant la trahison de Dumouriez, l'Angleterre était très alarmée de la présence des Français en Belgique :

1° Parce que la flotte française pouvait venir à Anvers, en face de la Tamise;

2° Parce que les Hollandais appelaient les Français pour chasser le prince d'Orange.

L'exécution du roi, le 21 janvier, lui fournit le prétexte cherché ; d'entrer dans le concert de nos ennemis; elle chassa brutalement Chauvelin, notre ambassadeur.

Le 1er février la Convention lui répondit en lui déclarant la guerre.

Le 7 février, sur un rapport de Dubois-Crancé, la Convention décréta la réorgarnisation de l'armée et 300,000 hommes furent appelés sous les drapeaux.

Mais si la Convention prit des mesures énergiques pour défendre la Patrie, Pitt, de son côté, déploya une activité fébrile : du 4 mars, au 26 septembre — c'est-à-dire en 6 mois, — il contracta *sept* traités d'alliances et *six* traités de subsides, avec les différentes puissances européennes.

L'Angleterre devint ainsi l'âme de cette seconde coalition.

Les hostilités recommencèrent de suite et Dumouriez, gagné par les Autrichiens, devint indocile aux ordres de la Convention, fit battre, à dessein, ses divisionnaires et passa le 5 avril aux ennemis, en emmenant quelques officiers de son état-major.

C'est alors que, sur la proposition d'Isnard, l'Assemblée créa réellement le premier Comité de Salut public, dont Danton et Cambon furent les premiers élus. Ce comité était chargé de *surveiller* et d'*accélérer* l'action du pouvoir exécutif; il était autorisé dans les *circonstances urgentes* à prendre les mesures de défense générale *intérieure* et *extérieure*. C'eût été la dictature au besoin.

Ce nouveau comité, comme les précédents, n'était pas à la hauteur des circonstances; il n'eut pas l'efficacité voulue, parce qu'il n'était pas secret et que les ministres conservaient l'exécutif. — Il aurait fallu entrer en lutte avec eux pour prendre la dictature.

C'est, comme je l'ai déjà dit, le 26 juin, que la *dictature* réelle fut offerte au Comité de Salut public par les délégués municipaux de toute la France. Mais ce n'est que le 6 septembre qu'il fut définitivement constitué. Alors tous ses membres restèrent en fonction, pendant toute sa durée, quoique la Convention pût, chaque mois, remplacer trois d'entre eux : elle les réélut constamment.

Cependant, pour arriver à cette organisation finale, il y eut encore quatre remaniements : 10 juillet, 29 juillet, 14 août et enfin le 6 septembre.

Ainsi le Comité de Salut public compte trois phases :

1° De la Législative à la trahison de Dumouriez.

2° D'avril à juillet.

3° De juillet, ou mieux, du 6 septembre 1793, au 30 vendémiaire de l'an III. Ce jour-là on célébra la fête de la victoire : le président de la Convention proclama la délivrance du territoire de la République et Carnot exposa lui-même les résultats de cette immortelle campagne.

Mon cher enfant, lorsqu'on lit l'histoire de cette guerre formidable. On est plein de respect pour les trois hommes chargés de la défense :

Carnot, R. Lindet et Prieur, de la Côte-d'Or.

Composition du grand Comité de Salut public. — Le 6 septembre ce comité se trouva ainsi constitué :

Carnot, Robert Lindet, Prieur de la Côte-d'Or — les gens d'examen ou les travailleurs.

Barrère, Billaud-Varennes, Collot-d'Herbois — gens révolutionnaires.

Robespierre, Couthon et Saint-Just — gens de la haute main; ils gouvernaient la police et le tribunal révolutionnaire.

Tels furent les *neuf dictateurs réels*.

Mais il faut savoir que le Comité de Salut public comptait *douze* membres. On n'en compte généralement que *neuf*, car Bon-Jean Saint-André et Prieur de la Marne furent toujours en mission et que Thuriot ayant donné sa démission, à la suite d'une vive altercation avec Robespierre, la Convention ne le remplaça pas.

Travaux du Comité de Salut public et ses fonctions. — Aussitôt que le Comité fut constitué, Barrère rédigea sa fameuse circulaire, d'après laquelle il réquisitionnait tout, hommes et choses : « La liberté est créancière de tous les citoyens... Il faut que la France ne soit plus qu'un vaste camp. »

Pour s'occuper de tout : guerre civile, guerre extérieure, organisation sociale, le Comité établit des divisions dans son immense labeur.

Il nous faut donc considérer les agissements du Comité.

Travail intérieur. — L'affluence des affaires — 4 à 500 par jour — nécessita une attribution spéciale à chaque membre; mais ils convinrent que pour la validité des actes, il fallait au moins les deux tiers des signatures[1]. Mais chacun exerça une autorité illimitée dans sa fonction. Le Comité avait une séance générale à 11 heures du matin; elle se prolongeait jusqu'au grand ordre du jour de la Convention. Le soir il y en avait une autre, sans président, ni sans procès-verbal, qui durait souvent toute la nuit.

A 2 heures du matin on apportait des monceaux de lettres qui faisaient rapidement le tour de la table pour recevoir les signatures exigées, puis le lendemain matin on expédiait tout avec le timbre particulier de chaque bureau. Or habituellement ils donnaient leur signature de confiance mais il y eut des abus.

---

1. Il arriva qu'un jour Barrère se trouva seul — tous les autres étant en mission — et il y avait une pièce à expédier sans retard — il écrivit lui-même le nom de ses collègues.

C'est ainsi que Saint-Just fit signer subrepticement à Carnot l'acte d'accusation contre Danton, ce qui fut la cause de querelles violentes et fréquentes entre eux, en sorte que les pièces du Comité de Salut public n'ont pour agents responsables que leurs auteurs directs.

Billaud-Varennes et Collot-d'Herbois donnaient les instructions aux représentants en mission.

Saint-Just avait la législation constitutionnelle : « il délibérait comme un visir, » dit Barrère.

Robespierre eut d'abord l'instruction publique, puis il demanda et obtint *la direction de l'esprit public* [1].

Robespierre, Couthon et Saint-Just s'associèrent bientôt pour constituer le bureau de la haute police révolutionnaire. Ce bureau entra en hostilités avec le Comité de *Sûreté générale* et ce furent ces hostilités qui amenèrent le 9 thermidor.

Bon-Jean Saint-André avait l'administration navale.

Carnot, le personnel et le mouvement des armées.

Prieur de la Côte-d'Or, la fabrication des armes et des munitions, le service des hôpitaux et enfin la correspondance avec les départements, les districts, les municipalités et les commissaires de la Convention.

Robert Lindet et Prieur de la Marne, les subsistances, les habillements et les transports.

Barrère, les affaires étrangères, d'abord avec Danton, puis avec Hérault de Séchelles.

Travail extérieur. — *Aides du Comité de Salut public.*

---

1. C'est là ce qui fit sa terreur spéciale et nous amènera à le considérer comme Pape et comme Grand Inquisiteur du Dieu J.-J. Rousseau.

— Le Comité de Salut public fut aidé par CAMBON, par les représentants envoyés en mission dans les départements et aux armées et par les députés du centre que la presse ignoble de cette époque nommait les *Crapauds du Marais.*

CAMBON fournit l'argent!!!! [1].

Les commissaires furent de trois ordres [2] :

1o *Ceux envoyés dans les départements* pour stimuler le patriotisme des citoyens et procéder au recrutement, à l'équipement, etc., des armées.

Ces commissaires étaient-ils nécessaires? Ils étaient indispensables. En effet CAMBON s'exprime ainsi dans son rapport, du 11 juillet, à la Convention : « La levée a réussi; cependant j'ose dire à la France, que sans l'envoi des commissaires... vous n'auriez pas eu 20,000 hommes. » CAMBON ajoute : « C'est ce pouvoir surveillant, qui a approvisionné les places et les armées, qui a donné de l'activité même aux généraux; 3,000 délibérations ont été prises par vos commissaires, non pour des actes arbitraires, mais pour équiper, armer et organiser les soldats. »

1. CAMBON, DANTON et CARNOT furent à mon avis les trois plus grandes figures de la Convention, par leur désintéressement et leur grand sens politique.

Si ces trois hommes eussent formé un triumvirat de Salut public : CAMBON aux finances, DANTON à l'intérieur et à l'extérieur et CARNOT à la défense, la Patrie eût été également sauvée et la fin de la Révolution n'eût pas été sanglante.

2. CARNOT fit nommer 41 commissions de deux membres chacune.

Telles étaient les fonctions des commissaires départementaux.

2° *Ceux envoyés aux armées.* Ils remplaçaient les intendants militaires et avaient des pouvoirs illimités; ils imprimaient une rapidité extraordinaire aux mesures administratives; ils stimulaient les généraux et les soldats en donnant l'exemple de l'intrépidité sur le champ de bataille, où ils chargeaient à la tête des colonnes; et, pour se faire reconnaître ils avaient un costume spécial très voyant. Mesurant les difficultés à leur audace, ils obtinrent les dernières limites du possible. — Qui ne connaît les noms de MERLIN DE THIONVILLE, de SAINT-JUST, de MILHAUD, de SOUBRANY, de GARRAU, de CAVAIGNAC, de LACOMBE, de DUQUESNAY, de LEVASSEUR, etc., etc.[1]?

3° *Les commissaires de la Terreur.* Il en sera question dans l'article suivant.

Les HOMMES DU CENTRE étaient LAKANAL, CHAPPE, THIBEAUDEAU, FOURCROY, BERTHOLLET, LAGRANGE, MONGE, BOUGAINVILLE, VOLNEY, DAUBENTON, VAUQUELIN, GUYTON-MORVEAU, VALENTIN HAUY, CAMBACÉRÈS, etc. Tout ce que la France avait de plus illustre.

Mon enfant, le blocus de nos ports, par les flottes anglaises, nous privait du salpêtre pour faire de la poudre, du fer pour forger des armes, de sucre, etc. Or ces hommes surent tout créer et sauver la Patrie.

Immédiatement, sous l'impulsion de PRIEUR de la

---

1. Pour bien connaître les traits héroïques de ces commissaires, il faut lire les Mémoires de CARNOT, de LEVASSEUR de la Sarthe, etc., etc.

Côte-d'Or, Monge, Berthollet, Guyton-Morveau, Four-croy, Dufourny, Hassenfratz, Pluvinet, Carny, Perrier se chargèrent d'instruire les jeunes gens avides de payer leur tribut à la France. Après les leçons, on allait visiter les ateliers, pour passer immédiatement à la pratique. Les leçons étaient publiées sous le nom de « *cours révolutionnaires* », sur la fabrication des salpêtres, des poudres et des canons. Cette publication avait pour épigraphe : MORT AUX TYRANS !

Le premier salpêtre obtenu par le lessivage du sol des caves, fut porté en grande cérémonie à la Convention et déposé sur l'autel de la Patrie.

Terreur. — La Terreur doit être spécialement attribuée à ROBESPIERRE, car ses associés COUTHON et SAINT-JUST furent presque toujours en mission. Mais il convient de considérer trois phases dans la Terreur :

1º Phase de la Convention;

2º Phase du Comité de Salut public;

3º Phase Robespierrique, laquelle se subdivise en :

A. ROBESPIERRE, pape   ) du Dieu
B. ROBESPIERRE, grand inquisiteur) . J. ROUSSEAU.

ROBESPIERRE : Il nous faut, mon enfant, d'abord connaître le grand chef de la Terreur. Les jugements sur lui sont très contradictoires et tandis que L. BLANC, CADET, etc., en font le bon génie de la Révolution, d'autres, bien plus nombreux, en font son mauvais génie. Il est donc bien difficile d'être exactement fixé sur cet homme. Néanmoins le portrait de MIGNET et celui que firent les conventionnels, ses contemporains, nous le représentent évidemment, tel qu'il fut réellement.

4.

A la Constituante, ROBESPIERRE ne put jamais se faire remarquer, on ricanait lorsqu'il montait à la tribune.

Durant la Législative, il était aux Jacobins[1], où il se préparait à faire meilleure figure sous une autre Législature.

Depuis le triomphe populaire du 10 août — pendant lequel il eut la conduite la plus lâche, — il s'étudia à perdre les Girondins et à supplanter DANTON. Il associait constamment la cause de sa vanité à celle de la multitude.

MIGNET dit : « Cet homme, dont les talents étaient médiocres et le caractère vain, dut sa supériorité, sous la Convention, de paraître des derniers, — ce qui est un grand avantage en révolution ; — ce fut son immense amour-propre qui lui donna l'audace de viser au premier rang, de tout faire pour s'y placer, de tout oser pour s'y maintenir. ROBESPIERRE avait des qualités pour la tyrannie : une petite âme opiniâtre, les dehors du patriotisme, une vie austère, une tenue soignée, et il n'avait aucune aversion pour le sang. Il démontra, par sa conduite calculée, que la médiocrité qui s'obstine est plus puissante que le génie qui s'interrompt. »

CARNOT dit : « Mauvais cœur, intelligence médiocre,

---

1. On distingue trois époques dans les Jacobins :
1° Celle où il n'y avait que des députés — à Paris ce fut la continuation du club Breton de Versailles,— ce fut l'époque du DUPORT.
2° Celle où furent admis les avocats, — ce fut l'époque de BRISSOT.
3° Celle où furent reçus les *sans-culottes*, — c'est l'époque de ROBESPIERRE.

ROBESPIERRE était un homme que l'ambition, la
vanité et l'orgueil dévoraient; il flattait le peuple
pour l'enchaîner, le vantait pour l'asservir et l'ornait
pour l'immoler; le sens positif et pratique du gouvernement lui faisait complètement défaut. Autour
de la table du Comité de *Salut public*, l'opinion de
ROBESPIERRE était sans valeur, car il n'apportait que
des vagues généralités et il était insupportable par
ses perpétuelles défiances, en ne voyant que des
traîtres et des conspirateurs; c'était le génie du
soupçon... Il déplaisait à tous par ses prétentions
mal justifiées. Il y avait chez lui ce mélange d'une
affectation de modestie plus importune que la vanité
naïve, avec l'habitude de tout rapporter à sa personne.
Tous les complots de son imagination étaient tramés
contre lui. — ROBESPIERRE attaquait toujours ses
adversaires sans les nommer. »

DAUNOU le taxe « d'impuissance d'esprit et de nullité
dans ses conceptions législatives ».

DANTON disait qu'il n'était pas capable de faire
cuire un œuf.

CONDORCET dit : « ROBESPIERRE n'a ni une idée dans la
tête, ni un sentiment dans le cœur. »

BAILLEUL dit : « ROBESPIERRE se croyait un être privi-
légié, mis au monde pour en devenir le régulateur
et l'instituteur. »

CARNOT dit encore que ROBESPIERRE était jaloux des
généraux victorieux et qu'il s'affligeait de nos succès.

Ceci est suffisant pour démontrer que ROBESPIERRE
était une médiocrité envieuse, jalouse et vaniteuse.

1° *Terreur de la Convention*. — La Terreur ne date que de la création du tribunal révolutionnaire. C'est CAMBACÉRÈS qui le demanda à la suite de l'insurrection du 10 mars. — Mais il avait déjà été demandé par CARRIER, jeune député du Nord et ami de ROBESPIERRE. — Ce tribunal tomba immédiatement entre les mains de MARAT, de ROBESPIERRE et de la Commune.

2° *Terreur du Comité de Salut public*. — Nous avons vu plus haut, que le 26 juin les délégués des 44,000 municipalité de France avaient demandé *l'arrestation de tous les gens suspects.*

Pourquoi cette demande? Parce que, à Toulon, à Lyon, en Vendée et dans 60 départements, il y avait des traîtres qui avaient pris les armes contre leur pays.

Voici l'opinion de CARNOT sur la Terreur du Comité de *Salut public* :

« La Terreur n'a été qu'une réponse à un cri universel d'alarme et de colère, qu'un effort convulsif contre le danger social et la jactance des royalistes On pourrait certes la légitimer aisément, mais la République est un gouvernement d'opinion : toute violence doit en être bannie, c'est pourquoi il faut flétrir la Terreur. »

« La Terreur, au contraire, est un principe pour les royalistes, c'est une règle et un droit pour eux; ainsi ils se vantent de l'*Inquisition*, de la Saint-Barthélemy, des dragonnades, de la Terreur *blanche*, etc. »

« Tout cela est d'ordre royal avec l'absolutisme. »

CARNOT ajoute encore : « La Terreur fut une simple lutte pour l'existence. »

Que fit le Comité de *Salut public*? Le 1ᵉʳ août il fit rendre différents décrets :

1° Confiscation des biens des personnes — *hors la loi* ;

2° Jugement de MARIE-ANTOINETTE ;

3° Six mois de prison à quiconque refuserait les *assignats* au pair et 20 ans de fer pour récidive ;

4° Incendie, en Vendée, des bois et des genêts ; saisie des récoltes et des bestiaux et transport à l'intérieur des femmes, des enfants et des vieillards.

5° PITT fut déclaré ennemi du genre humain.

Ensuite le Comité fit voter *la loi des suspects* et on emprisonna partout ceux qui ne faisaient pas preuve de civisme, *pour être gardés jusqu'à la paix.*

Ainsi on voit que le Comité n'était pas très méchant, et tandis que les armées allaient reprendre Toulon, Lyon, etc., les suspects et les traîtres étaient arrêtés.

3° *Terreur de Robespierre.* — Mais bientôt ROBESPIERRE envoya des commissaires spéciaux : MAIGNET, pour Toulon et le Midi ; CARRIER à Nantes ; LEBON à Arras ; COUTHON lui-même à Lyon, etc., — il est inutile de parler des mitraillades et des noyades, de cette époque. — Or les commissaires ne firent qu'exécuter les ordres de ROBESPIERRE.

Nous avons vu que ROBESPIERRE, au Comité de *Salut public*, avait, dans ses attributions, *la direction de*

l'esprit public. Il prit son rôle au sérieux quoique
Carnot l'ait traité de dictateur ridicule [1].

Robespierre pape. — Le *Contrat social* fut un
dernier testament du Dieu J.-J. Rousseau, dont les
apôtres furent Robespierre, Couthon, Saint-Just,
Billaud-Varennes, Collot-d'Herbois, Carrier, Maignet,
Lebon, Fouquier-Tinville et ses jurés.

Le 18 floréal (7 mai 1794) Robespierre prononça
un grand discours pour démontrer la nécessité du
culte de l'Être suprême, à l'exclusion de celui de la
Raison qui avait été institué par Chaumette et Gobel,
le 10 novembre 1793. La Convention décréta l'organisation de ce culte pour le 2 prairial, mais la fête
n'eut lieu que le 20 prairial — 8 juin — d'après le
plan de Louis David, le peintre, ordonnateur habi-
tuel des fêtes de la Révolution. La Convention décréta,
en même temps des fêtes décadaires à la *Vérité*, à la
Justice, à la *Pudeur*, à la *Frugalité*, à la *Bonne foi*, à
la *Gloire*, etc., en un mot 36 fêtes à toutes les vertus
morales et républicaines.

La Convention, pour faire sa cour au nouveau pape
— à l'*Orphée* de la France, comme disait Boissy-
d'Anglas, — le nomma son président pour qu'il ins-
tallât lui-même le culte au *Dieu* de J.-J. Rousseau.

Le jour de la fête, contre son habitude, il se fit
attendre et dans la promenade qu'il fit faire à l'As-

1. Il y avait souvent des altercations très vives entre Carnot
et Robespierre et Saint-Just.
Un jour que Saint-Just menaça Carnot de le faire guillotiner,
il répondit : « Je ne te crains ni toi ni les tiens : vous n'êtes
que des dictateurs ridicules. »

sembléc, dans les jardins des Tuileries, il marcha
en tête tenant les députés à distance. Ce sans-
gêne mécontenta la Convention qui tint des
propos, qu'il entendit, et qui le transportèrent de
fureur. Les uns dirent : « Il ne lui suffit pas d'être
maître, il veut être Dieu; » d'autres ajoutèrent : « Il
y a encore des Brutus. »

Le surlendemain, 22 prairial, Couthon présenta à
la Convention un projet de décret rédigé par Robespierre, projet qui n'avait pas été soumis aux forma-
lités du Comité de Salut public. « Toute lenteur, dit
Couthon, est un crime; toute formalité indulgente,
un danger public. Le délai pour punir les ennemis de
la Patrie ne doit être que le temps de les reconnaître. » Ce décret fut voté. Il n'y eut plus de défenseurs pour les accusés et on jugea en masse.

Les jurés n'eurent plus la loi pour guide, ils
n'eurent plus que leurs passions. Et pour plaire à
Robespierre on fit *quatre sections* du tribunal révolutionnaire pour que les jugements allassent plus
vite.

Robespierre Torquemada. — Robespierre,
comme directeur de l'esprit public, mit toutes les
vertus du *Contrat social* à l'ordre du jour; mais qui était
sûr de pratiquer toutes les vertus décrétées? Personne,
et l'inobservation d'une de ces vertus était un arrêt
de mort. Il y eut alors une inquisition analogue à celle
de Torquemada, car tout bon Jacobin, à l'exemple du
maître, avait un esprit soupçonneux, et, par devoir,
était un dénonciateur. C'est ainsi que Robespierre

installa l'autel de son *Être suprême* sur une montagne de cadavres.

Au nom de la *vertu* et de l'Être suprême, il fit guillotiner CHAUMETTE et les Hébertistes; au nom de la *probité*, CHABOT, BAZIRE, FABRE-D'ÉGLANTINE, etc.; au nom de la *modestie*, DANTON et les Dantonistes. Toute résistance était un arrêt de mort. Cependant, il ne put atteindre ni CARNOT, ni CAMBON, ni d'autres qui le ridiculisaient.

ROBESPIERRE cherchait des victimes non seulement parmi ses adversaires politiques, mais aussi parmi les illustrations dont la renommée lui portait ombrage :

Le 18 germinal (8 avril), CONDORCET s'empoisonna pour échapper au supplice;

Le 1er floréal, — 21 membres des parlements;

Le 3 floréal, — d'ESPREMÉNIL, THOURET, LECHAPELIER et toute la famille MALESHERBES;

Le 18 floréal, — LAVOISIER;

Le 19 floréal, — Madame ÉLISABETH;

Etc., etc.

Fureur délirante de Robespierre, du 22 prairial ou 9 thermidor. — La loi du 22 prairial ne passa pas sans de grandes difficultés, et RUAMPS s'était écrié : « Si cette loi passe, il ne nous reste plus qu'à nous brûler la cervelle. » L'opposition devint sérieuse; alors ROBESPIERRE s'élança à la tribune pour arracher le vote.

Le lendemain, 23, BILLAUD-VARENNES, au Comité de Salut public, dit à ROBESPIERRE: « Tu veux guillotiner la

Convention nationale... tu es un contre-révolution-
naire. »

Le 23, à la Convention, BOURDON de l'Oise, soutenu
par MERLIN de THIONVILLE et par les Montagnards, fit
décréter que les membres de la Convention étaient
exceptés. La discussion devint des plus vives et
ROBESPIERRE, qui en voulait aux Conventionnels et surtout à CARNOT et à CAMBON, qui le narguaient, obtint,
après un discours hypocrite, que sa loi fût votée sans
restriction.

Or, du 22 prairial au 9 thermidor, c'est-à-dire
pendant 47 jours, les *quatre sections* du tribunal
révolutionnaire, à Paris, fournirent de 40 à 50 victimes
à la guillotine — ROBESPIERRE voulait « moraliser la
Terreur ».

Mais en province c'était encore pis, car les commissaires ne pouvaient suffire à leur besogne. Or ROBES-
PIERRE, dès le 21 floréal, c'est-à-dire un mois avant
le 22 prairial, avait créé, de sa *propre autorité*, des
tribunaux révolutionnaires départementaux, sans
jurés, et avait écrit : « La commission est nommée
pour juger les ennemis de la République; les ennemis de la République sont ceux qui, par quelque
moyen que ce fût, auraient cherché à contrarier sa
marche; la peine due à ce crime est la mort. La
règle des jugements est laissée à la conscience du
juge éclairé par l'amour de la justice et de la Patrie. »

Ceci est suffisant pour démontrer l'atrocité de
ROBESPIERRE et faire comprendre que son Être Suprême
fut noyé dans une mer de sang.

5

Enfin, après avoir *épuré* plusieurs fois les Jacobins et avoir décimé la Convention, il attaqua de nouveau perfidement CAMBON et CARNOT; mais cette fois l'Assemblée se révolta, et TALLIEN, un des plus menacés, devint le conjuré le plus actif contre lui — après qu'il eût reçu une lettre de Mme CABARUS où elle disait : « Je vais demain en tribunal révolutionnaire, je meurs avec le désespoir d'avoir appartenu à un lâche comme vous. »

Le 8 thermidor, il y eut une séance des plus orageuses et dans la nuit du 8 au 9, l'union se fit entre la Montagne et la Plaine et SIEYÈS dit : « La mort sans phrases. »

La séance du 9 fut effroyable et THURIOT, qui présidait, refusa la parole à ROBESPIERRE. Pendant cinq heures et demie chacun défendit sa vie dans un tumulte indescriptible.

ROBESPIERRE écumait de rage : « Le sang de Danton l'étouffe, » dit GARNIER.

Enfin il fut décrété d'accusation avec ses amis.

La Commune s'insurgea, les délivra et les mena à l'Hôtel de Ville; mais là ils furent arrêtés de nouveau et ROBESPIERRE eut la figure cassée d'un coup de pistolet.

Le 10, ROBESPIERRE et 21 des siens comparurent, à 1 heure, devant le tribunal révolutionnaire, où FOUQUIER-TINVILLE requit contre eux comme il l'avait fait contre VERGNIAUD, DANTON, etc.

À 5 heures du soir, ils furent guillotinés sur la place de la Révolution, où, à leur honneur, on ramena la guillotine qui, depuis prairial, avait été transportée à la barrière du Trône.

Mon enfant, avant de quitter la Convention, je veux encore considérer très sommairement : 1° ses *travaux*, 2° les *assignats* et 3° le *calendier*.

1° *Travaux de la Convention*. — Il semble qu'au milieu de ces luttes, il ne devait y avoir aucun temps pour la réorganisation sociale; eh bien! non, les hommes du Centre réorganisèrent tout. Non seulement ils discutèrent le Code civil, mais ils créèrent l'École polytechnique, l'École normale, les Musées, l'Institut, le Système métrique, la Télégraphie, etc. Pour bien apprécier les travaux de ces hommes illustres et pour les connaître eux-mêmes, il faut lire le *Vandalisme révolutionnaire* d'Eugène Despois.

2° *Assignats*. — Si les assignats furent discrédités sous la Convention, cela tient à ce que les prêtres, le comte de Provence et les Anglais en émirent de faux, pour des sommes fabuleuses; ainsi, à Quiberon, Hoche en trouva pour 12 à 15 milliards, apportés par les Anglais.

Les assignats furent une conception juste et loyale; ils représentaient des biens qui les garantissaient complètement.

Les assignats eurent une efficacité considérable :

1° Ils payèrent les dettes de l'ancien régime;

2° Ils permirent d'acheter les biens ecclésiastiques et ceux des nobles mis *hors la loi*, parce qu'ils ne répondaient pas aux réquisitions et portaient les armes contre la France. Or, ces achats produisirent ensuite l'émiettement des grandes propriétés et firent passer le sol entre les mains de plusieurs millions de petits propriétaires, — ce qui fait, aujourd'hui, la prospérité de la France ;

3° Ils firent vivre les armées qui refoulèrent l'Europe coalisée contre la France.

Ainsi l'efficacité sociale des assignats fut de la plus haute importance, alors que les émigrés avaient emporté tout l'argent monnayé hors de France.

Certes la Banque de France actuelle et toutes les banques commerciales offrent moins de garantie que n'en offraient les premiers assignats.

3° *Calendrier*. — Le calendrier républicain, qui dura une quinzaine d'années, mérite des louanges et des critiques. ROMME l'inventa pendant qu'il était prisonnier des Girondins avec PRIEUR de la Marne.

Louanges, je l'ai dit plus haut [1]. L'année commença en France d'abord le 1er mai, puis le 1er mars, en 755 ; puis à Pâques sous les Capétiens et enfin le 1er janvier, par un édit de Charles IX, en 1563.

Or l'année, avec l'application terminale des lois naturelles à l'économie, à la politique et à la morale, doit commencer à la même époque pour tout le monde civilisé ; on peut choisir entre quatre époques : un des solstices ou un des équinoxes.

Où il faut louer ROMME c'est d'avoir choisi l'équinoxe d'automne.

Critiques. Mais où il faut le critiquer, c'est d'avoir

1. Note, page 448.

amalgamé le système duodécimal et le système déci-
mal, en prenant douze mois et des semaines de
10 jours.

Pourquoi n'a-t-il pas fait cinq mois de 36 et cinq
mois de 37 jours? Pourquoi n'a-t-il pas divisé le jour
en 10 heures, l'heure en 100 minutes et la minute
en 100 secondes?

C'est le projet de Janssen, président actuel de l'Aca-
démie des sciences.

CHAPITRE II

AGONIE ET MORT DE LA RÉPUBLIQUE.

Réaction thermidorienne. — Le premier acte des Thermidoriens fut de guillotiner 72 membres de la Commune, laquelle s'était insurgée contre la Convention, avait délivré ROBESPIERRE et avait mis l'Assemblée dans un tel péril que COLLOT, le président, dit : « Citoyens voilà le moment de mourir à notre poste. » Mais le terrible *hors la loi* ramena les sections égarées et HENRIOT, le commandant de forces insurrectionnelles, fut arrêté.

Ils rendirent immédiatement la liberté à 71 Girondins qui avaient été emprisonnés pour avoir signé une protestation contre le 31 mai et contre le 2 juin.

Alors il se forma deux partis à la Chambre :

1° *Celui des comités* qui voulait qu'une dictature, non sanglante, fût encore continuée quelque temps : — c'était l'avis de Carnot et de ses amis.

2° *Le parti thermidorien* qui voulut tout détruire.

En résumé, les comités furent dissous ; les commissaires de la Terreur furent guillotinés, les clubs fermés; en sorte que du 9 thermidor an II aux 1er et 4 prairial an III, le parti des comités fut traité comme les Girondins l'avaient été du 2 juin au 9 thermidor, — loi de la réciprocité.

Mais la destruction de la dictature du Comité de Salut public va ramener la défaite de nos armées, car les généraux et les soldats très révolutionnaires ne vont plus être d'accord avec le gouvernement thermidorien.

Terreur blanche. — 1° *A Paris* il y avait journellement des batailles ou des échanges de horions entre la *jeunesse dorée* de Fréron et les patriotes. Mais du 1er au 4 prairial (20 à 24 mai 1795) il y eut plusieurs insurrections occasionnées par la famine, où les sans-culottes affamés furent battus par les sections royalistes, aidées par la jeunesse dorée; tandis qu'au 13 vendémiaire ce furent les royalistes qui furent mitraillés par Bonaparte avec le secours des patriotes qui formèrent le bataillon de 89.

Or l'Assemblée ne céda ni aux uns ni aux autres, elle chercha à substituer le régime légal à celui de la violence.

En province, la Terreur blanche fut exécrable; la lecture des cruautés qu'elle exerça fait frémir d'indignation et d'horreur.

La Convention avait rapporté les décrets contre les émigrés et contre les prêtres, en sorte qu'ils étaient rentrés en masse, ne respirant que vengeance. Dans les campagnes, ils assassinèrent les patriotes chez eux, et dans les villes, où on en avait incarcéré un grand nombre, ce ne fut qu'un 2 septembre renouvelé tous les jours, dans les prisons d'Aix, de Toulon, de Marseille, de Lyon, d'Avignon, de Tarascon, etc., etc. Il y eut des actes d'une barbarie raffinée comme les prêtres seuls savent en inventer.

Constitution de l'an III. — Le 4 brumaire an IV (26 oct. 1795) la Convention déclara sa session terminée et remit les pouvoirs à un nouveau gouvernement institué par la constitution qu'elle avait votée quelque temps auparavant. Cette constitution donnait le pouvoir exécutif à cinq membres, — ce pouvoir avait nom *Directoire;* il y avait deux Chambres : 1° les *Cinq-Cents* dont les membres devaient avoir au moins 30 ans. — Ces Cinq-Cents avaient l'initiative et la discussion des lois; 2° les *Anciens* étaient une Chambre de contrôle, il y avait 250 membres âgés d'au moins 40 ans.

Le renouvellement de ces Chambres devait se faire tous les deux ans *par moitié,* mais tout d'abord les *deux tiers* des membres devaient être pris parmi les membres actuels de la Convention.

Cette constitution n'eut pas plus de succès que les précédentes; mais c'est le décret des *deux tiers* qui fit éclater l'insurrection royaliste que BONAPARTE étouffa le 13 vendémiaire. Les royalistes auraient voulu des élections générales pour s'emparer de suite du gouvernement, tandis que la Convention, pour éviter cette réaction, voulut que, par les *deux tiers* des membres choisis par elle, la forme du gouvernement ne fût pas atteinte.

5.

Je l'ai déjà dit, le testament de la Convention fut l'abolition de la peine de mort.

Ainsi finit cette terrible et immortelle Convention, après une durée de 3 ans 1 mois et 4 jours.

Directoire, 5 brumaire an IV au 19 brumaire an VIII, — ou 27 octobre 1795 à 11 novembre 1799. — Mort de la République.

Mon enfant, ce sont 4 ans d'une agonie convulsive qui se termine par la mort. L'agonie est occasionnée par les élections et les luttes intestines ; la mort, par le plus abominable des forfaits, les 18 et 19 brumaire.

Pour bien saisir la loi de réciprocité, il faut considérer les faits suivant leur ordre de production.

Situation. — Le Comité de Salut public avec JOURDAN, PICHEGRU, HOCHE, MOREAU, KLÉBER, JOUBERT, WESTERMANN, DUGOMMIER, MARCEAU, etc., avait rapidement chassé les ennemis de France et la Belgique, la Hollande, toutes les villes du bord du Rhin, la Catalogne, Saint-Sébastien, Fontarabie, etc., étaient en notre pouvoir. Les Prussiens, partout battus, avaient signé un traité de paix le 16 juillet ; les Espagnols en signèrent également un, et l'Italie était envahie par nos troupes.

Telle était la situation au 9 thermidor.

Et Hoche, quelques mois après, anéantit les Vendéens et défit complètement les émigrés à Quiberon.

Mais les Thermidoriens furent sourds aux justes réclamations du Comité de Salut public et ils le détruisirent lui-même, comme tout ce qui rappelait la dictature.

Immédiatement les armées furent sans munitions, sans vêtements, sans armes, sans chevaux. Les troupes découragées devinrent indisciplinées, rapinèrent pour vivre, suscitèrent partout des inimitiés; alors les coalisés reprirent courage et nos armées furent partout battues.

A l'*intérieur*, pas d'argent au trésor, plus d'administration, pas d'ordre, l'anarchie et la famine depuis l'abolition du *maximum*.

Installation des directeurs au Luxembourg. — Les cinq premiers directeurs furent : LA REVEILLÈRE-LÉPEAUX, SIEYÈS, REWBEL, LETOURNEUR et BARRAS; mais SIEYÈS n'ayant pas accepté, CARNOT fut élu à sa place.

Ce directoire était animé de sentiments patriotiques et d'un esprit de justice et de légalité; il était naturellement en accord complet avec les *deux tiers* des Conseils.

Le Directoire, les Conseils et l'armée, — qui était restée profondément républicaine, malgré l'abandon des Thermidoriens, — avaient donc les mêmes sentiments cet accord va ramener la victoire.

L'installation du Directoire au Luxembourg mérite d'être mentionnée, car il y a là une énergie stoïque, une grandeur d'âme et une foi en soi qui rappelle ce qui eut lieu à la Convention à la fin de juillet 1793; mais il faut dire que les directeurs étaient tous d'anciens conventionnels et que CARNOT avait été du grand

Comité de Salut public. BAILLEUL dit : « Lorsque les directeurs entrèrent au Luxembourg, il n'y avait pas un meuble. Dans un cabinet, autour d'une table boiteuse, — l'un des pieds étant rongé de vétusté, — ils déposèrent un cahier de papier à lettres et une écritoire à calumet, qu'heureusement ils avaient eu la précaution de prendre, au bureau du Comité de Salut public; assis sur des chaises de paille, en face de quelques bûches mal allumées, le tout emprunté au concierge DUPONT. Qui croirait que dans cet équipage, les membres du nouveau gouvernement, après avoir examiné toutes les difficultés, — je dirai plus, toute l'horreur de leur situation — *arrêtèrent* qu'ils feraient face à tous les obstacles, qu'ils périraient ou qu'ils sortiraient la France de l'abîme où elle était plongée. Ils rédigèrent sur une feuille de papier à lettres, l'acte par lequel ils *osèrent* se déclarer constitués, acte qu'ils adressèrent aussitôt aux Chambres législatives. »

Ces hommes ramenèrent l'ordre et la victoire jusqu'aux élections de l'an V.

Comme au Comité de Salut public, il y eut, entre les directeurs, distribution d'attributions. CARNOT eut naturellement la guerre et avec lui l'armée retrouva sa boussole [1].

Circulaire du Directoire. — Le Directoire chercha à réveiller l'esprit généreux et patriotique des

---

1. Pendant qu'il était au Comité de Salut public, CARNOT était parvenu à composer d'excellents états-majors; de plus il avait dressé la liste de tous les officiers d'avenir. En reprenant la direction de la guerre, il trouva, dans son ancienne liste de quoi reconstituer immédiatement les cadres des armées.

premières années de la Révolution. « Vous, écrivit-il aux agents du gouvernement, que nous appelons à partager nos travaux; vous qui devez, avec nous, faire marcher cette constitution républicaine, votre première vertu, votre premier sentiment, doit être une volonté bien prononcée, une foi patriotique..... Tout sera fait grand par vos soins. Le sincère amour de la liberté qui sanctifia l'aurore de la Révolution viendra ranimer le cœur de tous les Français... »

Ce langage ranima les patriotes, la confiance revint et avec elle l'abondance.

Le Directoire se procura de l'argent en émettant pour 2,400,000,000 de *bons territoriaux* hypothéqués sur ce qui restait de biens séquestrés. Ces *mandats territoriaux* n'étaient, en définitive, que des *assignats* qui avaient changé de nom et ce changement de nom les fit réussir complètement.

Alors, en Italie et de l'autre côté du Rhin, nos armées reprirent l'offensive et furent partout victorieuses.

Mais avant cela, HOCHE avait déjà pacifié la Vendée et le 28 messidor an V, le Directoire avait solennellement annoncé que la guerre civile avait pris fin.

Néanmoins le Directoire eut, à Paris, deux insurrections à étouffer : celle de BABŒUF et celle des royalistes.

18 fructidor an V, 4 septembre 1797. — Mais les élections de l'an V vinrent de nouveau tout compromettre, car elles introduisirent les royalistes dans les Conseils, — lesquels entrèrent immédiatement en lutte contre le Directoire, au sein duquel était aussi survenu un désaccord complet entre CARNOT et BARTHÉLEMY et les trois autres directeurs, — CARNOT et BARTHÉLEMY s'étant rangés du parti des nouveaux Conseils.

Ce désaccord amena de grands troubles et naturellement la défaite.

Alors, comme au temps de SYLLA et de CÉSAR les armées intervinrent : BONAPARTE fit porter une adresse menaçante par AUGEREAU et l'armée de HOCHE vint jusque dans la banlieue de Paris.

Le '18 *fructidor* les trois directeurs républicains firent exécuter un coup d'État par AUGEREAU : CARNOT et BARTHÉLEMY furent bannis et les élections furent cassées [1]. — Ces élections de l'an V avaient rendu toute la jactance aux royalistes et les émigrés, rentrés en foule, avaient recommencé la *Terreur blanche*.

Après fructidor, BONAPARTE ne crut pas encore le moment opportun pour commettre son abominable attentat, il s'embarqua pour l'Égypte le 30 floréal an VI (19 mai 1798).

Les élections de l'an VI (1er floréal) furent démocratiques.

Mais l'anarchie gouvernementale enhardit nos ennemis; ils firent assassiner nos plénipotentiaires à Rastadt et leurs armées repoussèrent les nôtres.

Conscription. — C'est alors qu'on créa la conscription pour appeler 200,000 hommes sous les armes; car le désaccord avait amené partout la défaite.

---

1. Le président des Cinq-Cents fut PICHEGRU, mais on ne connaissait pas encore sa trahison.

Les Russes et les Autrichiens cherchèrent à envahir la France par la Suisse; mais heureusement MASSÉNA et LECOURBE les défirent successivement près de Zurich — avec des soldats dénués de tout, et qui n'avaient pour les soutenir que leur foi patriotique et l'énergie indomptable de Masséna.

BRUNE battit aussi les Anglais en Hollande.

A la suite des élections de l'an VII l'anarchie devint complète aussi bien dans les Conseils que dans le Directoire.

18 et 19 brumaire. — C'est alors que Bonaparte, prévenu par son frère LUCIEN, quitta son armée d'Égypte et revint à Paris. Il s'entendit avec SIEYÈS pour commettre son exécrable forfait.

Le 18, il se fit nommer commandant en chef des forces militaires de Paris et le 19, à Saint-Cloud, il s'empara du pouvoir gouvernemental (10 novembre 1799.)

Telle fut, mon enfant, la honteuse fin de l'application sociale des illusions métaphysiques du contrat social de J.-J. ROUSSEAU et du principe protestant.

CHAPITRE III

Mon enfant, du 19 brumaire an VIII (10 novembre 1799), à aujourd'hui, c'est-à-dire pendant 89 ans, nous n'avons à constater qu'une suite d'illogicités gouvernementales.

Je crois utile, pour te bien faire comprendre ces aberrations, de te résumer, aussi succinctement et aussi clairement que je le pourrai, les principes des trois philosophies actuellement en présence, car ce sont ces trois philosophies qui produisent l'anarchie intellectuelle, morale et gouvernementale qui nous afflige depuis cette époque et dont les conséquences sont une révolution tous les 15 ans environ; en effet, la *théologie* est la conception générale des masses populaires inconscientes; la *métaphysique* est celle des bacheliers universitaires, et la *naturelle* est celle des savants généralisateurs — je dis généralisateurs, car les savants spécialistes sont dans un état regrettable d'infirmité mentale : ils sont positivistes pour leur science spéciale et pour ses applications industrielles et commerciales et ils restent théologiens ou métaphysiciens pour leurs conceptions générales ; — en un mot, ils sont cartésiens.

Or, aucune conciliation n'est possible entre ces trois philosophies; en sorte que c'est un désordre certain dans le gouvernement — où les trois éléments sont forcément mêlés — avec des oscillations tantôt dans un sens, tantôt dans un autre, suivant le caprice du jour.

Ces trois philosophies représentent la loi des *trois états* de COMTE, de CHEVREUL, etc., admise par tous les esprits réfléchis.

Principes des trois philosophies [1]. — En dernière analyse, toute philosophie est une conception du monde temporel et du monde spirituel réunis dans une même systématisation.

Or, l'évolution de l'esprit ou de la philosophie — ce qui est la même chose — a subi nécessairement et fatalement les trois phases inéluctables correspondantes aux trois phases également inéluctables de la raison humaine et consécutivement de la raison sociale.

1° *L'enfant* croit à tout et voit du mystère partout; étant sans expérience et ne pouvant rien comparer, il est sans jugement et fatalement crédule. C'est exac-

1. Mon enfant, j'ai fait à ton intention un résumé des six gros volumes d'Aug. COMTE et j'ai commencé ce résumé par un exposé des trois philosophies analysées par LITTRÉ.

Littré a encore traité ce même sujet dans le 1er numéro de la *Revue de la philosophie positive* (1866).

Si ce que je vais te dire est insuffisant, tu auras de quoi te satisfaire en te reportant aux indications ci-dessus.

tement ce que l'on observe chez les peuples primitifs
— chez les sauvages — et chez les classes populaires
ignorantes qui, en définitive, pour la raison, restent
à l'état d'enfance.

Ainsi pour l'enfant, comme pour les peuples primitifs et pour les masses populaires ignorantes, la conception philosophique ne peut être autre que la THÉO-
LOGIE — c'est-à-dire le monde régi par des volontés
divines.

— C'est ce que nous avons vu dans les premiers
chapitres de cette étude relativement aux religions
primitives.

2° *L'adolescent* élimine successivement, et suivant
son intelligence, par le simple bon sens vulgaire, une
quantité plus ou moins considérable de ses croyances
enfantines : Du *Tout-Dieu* il fait des Dieux spéciaux ;
puis il raisonne, mais son raisonnement est *a priori*
— subjectif, — il devient métaphysicien ; il cherche
les *causes premières* et *finales* des choses et, dans l'impossibilité où il est de connaître la réalité, il se paie
de mots, il remplace les Dieux par des principes, par
des entités imaginaires, en sorte que pour lui tout
est gouverné par des *forces*. C'est la MÉTAPHYSIQUE.

Ces deux premières conceptions philosophiques ont
gouverné la politique et la morale du monde jusqu'à
aujourd'hui : la métaphysique primitive a eu toute
son extension en Grèce où elle a ruiné les *Dieux-
hommes* des religions de son temps ; mais elle a été
suivie d'un cataclysme général et les populations
affolées sont revenues au système théologique, que

CONSTANTIN sut organiser en système catholique. Le
système catholique a duré jusqu'au xvi° siècle, époque
où la métaphysique a repris son œuvre de destruction, sans pouvoir alors, pas plus que pendant la
période grecque, rien édifier de stable. — Car on ne
construit rien de solide sur des illusions. — L'expérience sociologique, depuis 100 ans, démontre l'impuissance *radicale* actuelle de ces deux conceptions,
alors que la *positivité* régit complètement tous les
intérêts économiques et aussi les intérêts moraux
d'un nombre toujours croissant de bons esprits.

Pour qu'il y ait un retour possible à la théologie,
comme après la phase grecque, il faudrait que les
prolétaires fussent, de nouveau, ramenés au *servage*,
car le catholicisme ne peut pas exister sans l'esclavage corporel et intellectuel. Or, la chose est radicalement impossible, et toutes les tentatives de retour
n'ont fait que perpétuer un état anarchique et révolutionnaire qui ne cessera que lorsque tous les intérêts
économiques, moraux et politiques seront assujettis
à la même loi, à la loi réelle et positive.

3° *L'homme*, guidé par l'observation, par l'expérimentation et par la comparaison, — c'est-à-dire, par
le bon sens méthodique, trouve le *déterminisme* de
tous les phénomènes cosmiques, vitaux et sociaux : il
en déduit les lois et ces lois coordonnées en un seul
système constituent ses croyances générales et spéciales.

Ces lois qui régissent absolument toutes les spécu-
lations économiques quelconques, doivent évidem-

ment régir l'instruction, la morale et la politique. C'est sur elles — à l'exclusion radicale des conceptions fictives de la théologie et des illusions de la métaphysique, — que doit reposer la réorganisation sociale future, si on veut être rationnel; réorganisation devant forcément amener l'harmonie générale tant gouvernementale que familiale; réorganisation qui sera en évolution progressive constante et correspondante à l'évolution des lois naturelles — laquelle marche si rapidement depuis que la science a éliminé toutes les entités.

Depuis PLATON et ARISTOTE, les conceptions dites philosophiques constituent une masse confuse où l'on ne distingue les rapports de la philosophie ni avec la *nature*, ni avec l'*histoire*, ni avec l'*enseignement*, parce que toutes sont *subjectives*. La philosophie naturelle *seule* se rapporte à tout parce qu'elle est *objective*.

Tant que l'esprit reste borné aux conceptions subjectives, il est satisfait si les *conséquences* sont en conformité avec les *prémisses;* mais si cet esprit passe aux notions objectives, il rejette cette conformité des conséquences et des prémisses comme vaine pâture, si les prémisses ne sont pas des faits tangibles.

Principes de la philosophie positive. — La philosophie positive n'est, je le répète, que l'extension méthodique du bon sens et il n'y a rien de réel, autre que les lois de la nature. La base de la philosophie naturelle est l'ordre conforme :

1º A la constitution du monde;

2º Au développement de l'histoire;

3° A la gradation de l'enseignement des sciences.

1° *Constitution du monde.* — Le monde est constitué :

A. *Statiquement*, par la matière ; *chimie.*

B. *Dynamiquement*, par les propriétés inhérentes à
cette matière : *Physique.*

Mais l'origine et l'essence de cette matière nous
sont inaccessibles.

La Philosophie naturelle ne connaît rien au delà
de cette matière et de ses propriétés, expérimentale-
ment mises en évidence.

Les différentes théologies ont toutes supposé un
état *chaotique* primitif. Ce chaos est une pure imagination, car nous ne pouvons rencontrer de substances
matérielles sans propriétés : *Physiques :* pesanteur,
élasticité, magnétisme, lumière, etc. ; *chimiques* ne
produisant pas la *binarité* inorganique définie, ou la
trinarité encore définie, terminant le règne inorganique et commençant le règne organique, ou enfin
la *quatrinarité* spéciale au règne organique.

Ces états de combinaisons constituent la gradation
réelle que l'on observe dans le monde cosmique et
c'est cette constatation *objective* qui forme le *premier et
essentiel fondement de la philosophie naturelle.*

2° *Histoire.* — Le *second fondement* de la philosophie naturelle, réside dans la succession de l'évolution des sciences, c'est ce qui constitue l'ord,e *naturel
des sciences :* géométrie, physique, chimie, biologie,
sociologie. Cet ordre naturel est en même temps historique et logique.

3° *Gradation de l'enseignement des sciences.* Le *troi-*

sième *fondement* est l'enseignement encyclopédique. Or, l'histoire démontre que l'ordre réel naturel, est le suivant : la sociologie repose entièrement sur la biologie; la biologie sur la chimie; la chimie sur la physique; la physique sur la mathématique et la mathématique sur le raisonnement.

Or, toutes les *positivités spéciales* de ces différentes sciences, étant coordonnées, suivant leur liaison, constituent la *positivité générale* ou *Philosophie naturelle*, qui embrasse tout.

L'observation, l'expérimentation, la comparaison et la déduction ont de plus en plus rétréci le domaine de l'imagination. Aujourd'hui, l'*imaginé* s'est réfugié dans l'étude de l'*absolu* et des *causes premières et finales*.

L'*absolu* est l'objet de toute doctrine métaphysique, comme l'*incognoscible* est celui de toute religion.

L'*incognoscible* est Dieu avec ses attributs, sa personnalité, sa providence; avec l'origine du monde et la destinée humaine après la mort et la consommation des siècles. La philosophie naturelle n'a rien à faire avec l'*inconnu*; elle n'accepte que le *connu*. La philosophie naturelle ne peut accorder un semblant de *réalité* à ce qui est dénué de réalité.

La philosophie naturelle prêche :

1° La *résignation* devant tout ce qui est immuable;

2° Le *savoir* pour prévoir et discerner ce qui peut être modifié;

3° L'*énergie morale* pour utiliser les propriétés des choses.

Elle pense qu'en demandant *résignation, savoir* et *énergie morale*, elle triomphera de tout et créera une nouvelle civilisation où l'Homme sera à sa place dans la nature.

La *métaphysique* [1] se demande d'où vient l'aversion non déguisée des savants pour les *causes finales?* De ce que la science ne s'attache qu'à ce que la méthode *a posteriori* lui démontre être *vrai* et *utile à l'homme*, et qu'elle laisse de côté ce qui est roman et *inutile* à l'humanité ; parce que la *Finalité* ne s'expérimente ni ne se vérifie et que dès lors c'est un rêve. Toute l'histoire de la métaphysique est : se proposer un lieu inaccessible où l'on cherchera. La science ne cherche que dans les lieux accessibles.

La thèse fondamentale de la *théologie* est que Dieu est immanent dans l'ensemble de l'univers et dans chaque être ; qu'il est plus que la totale existence, qu'il est absolu, qu'il est le principe du bien, du beau et du vrai. Envisagé ainsi, Dieu est tout, il est éternel et immuable, sans progrès et sans devenir. C'est une conception purement subjective — conception basée sur aucune science — conception qui ne prendrait de *réalité* que si quelque confirmation *a posteriori* lui venait en aide — conception enfin qui, reconnue invérifiable, est sans aucune valeur.

Résumé. — La science ne cherche ni l'origine ni

1. La filiation de la métaphysique est :

1° Métaphysique grecque ;

2° Scolastique ;

3° Philosophie universitaire actuelle.

la fin des choses; elle considère les faits *a posteriori*
et les rattache les uns aux autres par leurs relations
immédiates. C'est la liaison de ces relations qui constitue la philosophie positive. Or aucune réalité ne
peut être établie par le raisonnement seul : — le
monde ne se devine pas. — Les raisonnements doivent
être déduits de l'expérience et de la comparaison.

Le monde moral, comme le monde cosmique, est
du domaine de la science positive et la méthode qui
donne la connaissance des lois industrielles, donne
également la connaissance des lois fondamentales,
propres à organiser positivement la société [1]. Mais
entre l'*inconnu* et le *connu*, entre la *foi* et la *loi naturelle* aucune conciliation n'est possible; et c'est cette
inconciliation qui constitue les aberrations gouvernementales qu'il nous faut actuellement considérer.

Napoléon. — La dictature échut d'abord à un
homme issu d'une civilisation arriérée, superstitieux et
plein d'admiration pour l'ancienne hiérarchie sociale.

Mon enfant, pour connaître cet homme, tu devras
lire son histoire par Lanfrey, ainsi qu'une étude, sur
lui, par Taine, parue dans la *Revue des Deux Mondes.*
Ici, je vais seulement te donner l'appréciation qu'en
fait Lamartine, dans une lettre à Chapuys de Montla-
ville. « Cet homme survient, il arrête le mouvement
révolutionnaire, précisément au moment où il cessait
d'être convulsif pour devenir créateur. Il se fait lui-

---

1. Cette organisation ressort, à première inspection, du graphique n° 7 de mon plan d'organisation sociale suivant les
lois naturelles.

même réaction contre une liberté qui commençait déjà à réagir par elle-même. Il s'arme de tous les repentirs, de tous les ressentiments, de toutes les apostasies qu'une révolution sème toujours sur sa route. Il écrase la liberté naissante avec les débris même de tout ce qu'elle a renversé pour éclore; il se se fait un ancien régime avec les choses et les noms d'hier; il fait rétrograder la presse jusqu'à la censure, la tribune jusqu'au silence, l'égalité jusqu'à une noblesse de plébéiens, la liberté jusqu'aux prisons d'État, la philosophie et l'indépendance des cultes jusqu'à une religion d'État...

« Il étouffe, partout en Europe, l'amour et le rayonnement pacifique des idées françaises pour n'y faire briller que les armes odieuses de la violence et de la conquête. Quel est le résultat de ce drame à un seul acteur?

« Un nom de plus dans l'histoire; mais l'Europe deux fois à Paris; mais les limites de la France resserrées par l'inquiétude ombrageuse de toutes les nations désaffectionnées; mais l'Angleterre réalisant, sans rivale, la monarchie universelle des mers, et, en France même, la raison, la liberté et les mœurs retardées indéfiniment par cet épisode de gloire et ayant peut-être à marcher plus d'un siècle pour regagner le terrain perdu en un seul jour : Voilà le 18 brumaire. »

1re **Aberration gouvernementale : régime militaire.** — NAPOLÉON, en établissant le régime militaire, comme système gouvernemental, fut amené à rétablir forcément le culte théologique [1], car dans toute la série historique de l'évolution sociale, on ne constate pas un seul exemple où le régime militaire ait gouverné seul, on le voit toujours associé au régime religieux, sur lequel il s'appuie. Il fut également conduit à restaurer l'enseignement universitaire où prédomine l'élément théologique. Il produisit ainsi la plus désastreuse rétrogradation politique dont l'humanité ait eu à gémir, et réduisit la France à la plus honteuse oppression morale.

Le dernier régime politique militaire, en France, avait été celui de CHARLEMAGNE, or ce régime de CHARLEMAGNE était une résurrection de celui de CONSTANTIN. Mais la phase essentiellement guerrière de l'évolution sociale est spéciale à la fin de l'époque fétichique et au commencement de l'époque polythéique. Comme à ces époques, NAPOLÉON offrit le pillage du monde à ses armées, et il avoue lui-même que les conquêtes lui étaient imposées. « Je triomphais au milieu de périls toujours renaissants, il me fallait toujours autant d'adresse que de force... Si je n'eusse vaincu à Austerlitz, j'allais avoir la Prusse sur les bras; si je n'eusse triomphé à Iéna, l'Autriche et l'Espagne se déclaraient sur mes derrières; si je n'eusse battu à Wagram — qui ne fut pas une victoire définitive — j'avais à craindre que la Russie ne m'abandonnât, que la Prusse ne se soulevât, et déjà les Anglais étaient devant Anvers. »

1. Le sabre ne peut pas vivre sans le goupillon.

Ainsi le système de la *dévastation fétichique* lui était imposé et plus il avançait dans sa carrière, plus il avait besoin de vaincre d'une manière plus décisive. La France ne fut plus qu'une vaste caserne et tandis que notre hymne national était partout proscrit, comme séditieux, Berlin, Vienne, Moscou, Lisbonne, Madrid, Londres retentissaient de chants patriotiques qui animaient l'Europe entière contre lui. Aussi, dès qu'il fut battu, les rois qu'il avait soumis, les rois qu'il avait faits, les alliés qu'il avait agrandis, les États qu'il avait incorporés à l'Empire, les sénateurs qui l'avaient adulé et jusqu'à ses maréchaux eux-mêmes l'abandonnèrent.

Le résultat de cette rétrogradation à la politique sauvage des temps fétichiques fut d'unir, par haine contre l'oppresseur, les peuples et les rois qui vinrent à leur tour envahir et démembrer la France. C'était la fatalité de la réciprocité.

2° Aberration : l'ancien régime. — La seconde aberration consiste dans le retour à l'ancien régime gouvernemental, pour la destruction duquel, ainsi que de ses abus, des millions d'hommes généreux s'étaient fait tuer de 1789 à 1800, c'est-à-dire pendant 10 ans.

On tenta de *concilier* deux choses inconciliables :

1° Le régime catholique ;
2° Le régime révolutionnaire.

En effet, dans la Charte, le régime catholique était représenté par le roi et par la Chambre des pairs qu'il nommait lui-même, et le régime révolutionnaire l'était par la Chambre élue.

Mais l'esprit théologique prit le dessus et il voulut, même sous CHARLES X, s'associer le régime militaire. CHARLES X tenta ensuite de se saisir de l'absolutisme, par simple ordonnance; alors le peuple se souleva et le chassa.

Il faut dire que ce retour à l'ancien régime avait été préparé par NAPOLÉON qui, par ses préfets, ses sous-préfets, ses gendarmes et ses prêtres, avait imposé la soumission la plus absolue et avait rendu les populations idiotes, craintives et fatalement superstitieuses.

En sorte qu'avec les Bourbons la France fut ramenée, par la prédominance des prélats, au régime d'avant la Réforme.

3. Aberration. — Le régime constitutionnel. — Le régime militaire, puis le régime catholique aboutirent à deux révolutions. Alors on tenta quelque chose de monstrueux connu sous le nom de *régime constitutionnel* ou *association du catholicisme rétrograde et de la métaphysique révolutionnaire* — avec prédominance de l'un ou de l'autre suivant les circonstance et *annihilation du pouvoir royal*, « le roi règne et ne gouverne pas ».

C'était donc la continuation du régime des BOURBONS, c'est-à-dire une nouvelle tentative de conciliation de la théologie et de la métaphysique, — deux ennemies de quatre siècles, — mais avec l'autorité royale en moins. A ce moment c'était une véritable folie, car les lois naturelles avaient une application de plus en plus étendue sous la direction d'ingénieurs instruits, dont le nombre augmentait journellement.

Aussi qu'est-ce que le règne de Louis-Philippe? Une suite ininterrompue d'insurrections de la part des prolétaires qui appliquaient les lois naturelles aux industries les plus variées et qui ne voulaient pas d'entraves à l'essor de l'économie.

Ce régime constitutionnel fut celui de la corruption et celui de la cupidité : « Enrichissez-vous! » osa dire Guizot.

Ce système sombra sous l'indignation publique, sur la réclamation des gens instruits qui demandaient l'admission des capacités.

4ᵉ Aberration. — Retour, en 1848, au principe protestant. — Louis-Philippe fut renversé, le 24 février 1848, et avec lui disparut le régime constitutionnel; on revint alors au principe protestant de la Convention : souveraineté populaire avec suffrage universel direct et une seule Chambre. La souveraineté populaire reposa forcément sur la liberté, l'égalité et la fraternité. Ces illusions produisirent forcément les mêmes désastres que lors de leur première application.

Les premières élections furent républicaines et les suivantes furent réactionnaires et conduisirent, comme la première fois, à un retour du régime militaire. — Régime qui échut à un neveu de Napoléon.

5ᵉ Aberration. — Napoléon III, Empire. — Association des régimes : militaire, catholique

et révolutionnaire. — Cette fois ce fut l'anarchie intellectuelle touchant au délire. On voulut baser le système gouvernemental sur l'association de trois régimes différents ennemis les uns des autres et par l'action combinée de la police secrète, du gendarme et du prêtre. La France fut courbée sous la terreur et sous l'oppression morale la plus honteuse et l'armée entière fut consacrée à la police.

Le régime de NAPOLÉON III a coûté une vingtaine de milliards à la France et s'est terminé par une nouvelle invasion et un nouveau démembrement.

6° Aberration. — Parlementarisme basé sur le principe protestant. — Par quoi a-t-il été remplacé? Par le retour complet au principe protestant : souveraineté populaire avec suffrage universel et toutes ses conséquences. C'est donc la troisième tentative de la souveraineté populaire dans un siècle, les deux premières fois, comme du temps des Grecs et des Romains, elle nous a conduits à une dictature militaire. Que nous ménage cette dernière? on peut le dire, avec assurance , au même résultat que les deux premières, si on ne procède pas à une réforme radicale basée sur l'application des lois naturelles.

Ce régime constitue un état anarchique tel qu'à chaque élection la forme du gouvernement est mise en question. S'il dure depuis 18 ans, c'est à cause de la profonde division de ses ennemis.

Résumé. En définitive, mon enfant, une révolution tous les *quinze* ans environ, depuis 100 ans, sans qu'aucun des régimes successivement· tentés soit arrivé à l'hérédité, parce qu'aucun n'a pu amener la stabilité générale.

Pourquoi ces révolutions si fréquentes? parce qu'on veut concilier des choses inconciliables sans y réussir jamais. On s'entête, sans comprendre qu'à une situation nouvelle, il faut une organisation nouvelle correspondante. Or tant qu'on ne mettra pas en concorde l'esprit économique et l'esprit moral et politique ces révolutions reviendront périodiquement.

Qu'on se figure bien que le régime théologique, qui a eu une grande efficacité au début de l'humanité et qui a créé la civilisation du monde jusqu'à la Réforme, est sans retour stable possible aujourd'hui. Pourquoi? parce qu'il reposait autrefois sur le *servage* corporel et spirituel, deux choses que l'on ne peut plus obtenir aujourd'hui.

Quant à la métaphysique elle a toujours été dissolvante, mais elle a eu une grande efficacité sociale en affranchissant corporellement et psychiquement l'homme qui est ainsi monté d'un degré et qui peut maintenant prendre sa place dans le monde.

Il faut absolument en venir au système naturel qui met d'accord tout les intérêts quelconques familiaux et sociaux.

FIN

Sceaux. — Imprimerie Charaire et fils.